참선요지

참선요지(參禪要旨)

초판 1쇄 | 2012년 11월 21일
지은이 | 허운 스님
옮긴이 | 월서 스님
펴낸이 | 김성희
펴낸곳 | 아침단청

출판등록 | 2011년 3월 28일(제2011-15호)
주소 | 서울시 광진구 중곡동 639-9 동명빌딩 7층
전화번호 | 02-466-1207
팩스번호 | 02-466-1301
전자우편 | thedancheong@gmail.com

copyright©The Dancheong, 2011, printed in Korea
이 책의 저작권은 저자와 출판사에 있습니다.
서면에 의한 저자와 출판사의 허락 없이 책의 전부 또는
일부 내용을 사용할 수 없습니다.

ISBN : 978-89-966220-5-5 03220

잘못 만들어진 책은 구입처나 본사에서 교환해 드립니다.

참선요지
參禪要旨

허운 스님 지음 | 월서 스님 편저

아침단청

참선요지를 펴내며

참선은 마음공부다

요즘 우리나라는 물론, 서구조차 불교식의 수행인 참선 바람이 일고 있습니다. 미국에서만 해도 도심선원이 일천 여 곳이 있고 우리나라에도 선원이 많이 늘어나고 있는 것은 한국 선불교의 우수성을 널리 전하는 일이거니와 물질만능 시대에 참선이 마음의 고요를 찾는데 더 없이 좋은 수행처이기 때문입니다.

그런데 제가 30여 년 전 선방에서 수선안거를 하면서 참선공부에 필요한 알맞은 지침서가 없다는 것이 늘 안타까웠습니다. 그러던 중 중국의 허운스님이 펴낸 『참선요지』를 법주사에서 우연히 접하게 되었습니다. 당시만 해도 수좌들이 접할 수 있는 참선에 관한 책은 거의 없었습니다. 그 때 낡고 허름하지만 세월의 향내가 묻은 고서(古書)를 접하고서 뜻밖에 참선의 중요성을 깨닫게 되었습니다.

수좌는 물론, 선(禪)에 뜻을 두고 참선공부를 하는 불자들에게 올바른 수행법과 그리고 중시해야 할 마음의 자세들이 상세하게 나타나 있었습니다. 때가 되면 이 책을 펴내 많은 불자들에게 읽게 하리라는 원력을 세웠지만, 세월이 많이 흐른 지금에야 펴내게 되었습니다.

이 책은 허운스님이 자신이 했던 참선경험을 토대로 해서 초심자는 초심자대로, 중급자는 중급자대로, 수행이 깊은 자는 깊은 대로 그에 맞게 공부의 어려움과 쉬움을 잘 살펴 더욱 정진에 힘쓰도록 하기 위해 펴낸 것입니다. 문장은 어렵지 않고 간결하며, 허운스님의 간절한 가르침이 은은하게 녹아 있어 실로 저로서는 읽을 때마다 환희심이 일어났습니다.

배움이 깊은 수좌에게는 별 소용이 없겠으나 참선의 길에 갓 들어선 수행자나 불자들에게는 큰 도움이 될 수 있도록 자세한 주석을 달아 이해를 도왔습니다.

끝으로 옛사람이 이르기를, "차라리 천년을 깨닫지

못하더라도 하루의 길을 그르쳐서는 안 된다"고 했으니 수행하여 도를 깨달음은 쉽고도 또한 어려우며 어렵고도 또한 쉬운 것입니다. 전깃불을 켜는 것과 같아서 알면 손가락 한번 튕기는 사이에 큰 광명을 비춰 만년의 어둠을 한꺼번에 없앨 것이나, 알지 못하면 기회는 놓치고 등불은 꺼져 번뇌만 더욱 깊어질 것입니다.

  부디 이 서책을 거울삼아 부단하게 공부하시기를 간절히 원하는 바입니다.

2012. 가을 봉국사 염화실에서
천호 월서

차례

참선요지를 펴내며 · 5

서문(序文) · 10

제1장 참선의 선결(先決)조건 …………………… 19

제2장 선당(禪堂)의 가르침 …………………… 59

이끄는 말(引言) · 61

참선수행의 입문방법 · 62

1. 도(道)를 이루는 선결조건 · 62

   1) 깊이 인과를 믿으라 · 62

   2) 엄격히 계율(戒律)을 지켜라 · 71

   3) 믿음을 굳게 가지라 · 76

   4) 수행의 길을 결정하라 · 79

2. 참선방법 · 81

　　1) 좌선이란? · 82

　　2) 공부는 어디서부터 시작할 것인가 · 87

　　3) 화두와 의정(疑情) · 90

　　4) 조고화두(照顧話頭)와 반문문자성(反聞聞自性) · 101

　　5) 생사심(生死心)과 장원심(長遠心) · 104

　　6) 공부할 때 두 가지 어려움과 쉬움 · 109

　　　(1) 초심자의 어려움과 쉬움 · 109

　　　(2) 구참자의 어려움과 쉬움 · 118

결론(結論) · 124

제3장　참선경어(參禪警語) ················· 125

제4장　섣달그믐 보다(普茶)때의 가르침 ··· 139

제5장　수행과 불수행(不修行) ·············· 151

서문(序文)

禪, 極則事也 諸佛正法眼藏. 這事 言語道斷 心行處滅 非思議之所到. 達摩西來 不立文字 直指人心 見性成佛 若是箇漢 直下承當 即爲法王寵子. 向去但隨緣鎖舊業 更勿作新殃 娘生鼻孔 不欠分毫 自己衣珠 何曾有失. 原不需參也.

  선(禪)은 궁극의 일이며 모든 부처님의 정법안장[1]이다. 이 공부는 말길이 끊어지고 마음으로 다가갈 수 없으므로 생각으로도 미칠 수가 없다. 달마 스님이 서쪽

---

1) 사람이 본래 갖추고 있는 마음의 묘한 덕.

인도로부터 오셔서 '문자를 세우지 않고 곧바로 사람의 마음을 가리켜 성품을 보아 부처를 이룬다(不立文字 直指人心 見性成佛).'고 하였으니 만약, 어떤 사람이 바로 그 자리에서 알아버리면 곧 법왕(法王)[2]의 사랑하는 아들이 될 것이다.

다만 인연을 따라 과거의 업을 녹일 뿐 다시 새로운 재앙을 짓지 말라. 본래 타고난 콧구멍(鼻孔)[3]에 털끝만큼도 모자람이 없거니 자기 옷 속의 구슬을 어찌 일찍이 잃어버림이 있겠는가? 원래부터 찾을 것이 없다.

宋代人根漸劣 祖師對症施藥 始開參話頭法門 其實話頭亦妄想之一耳. 爲以毒攻毒 敎將所參話頭 抵敵雜念 刻刻提撕 漸至能所雙忘 截斷現業流識 到偸心死盡時節 遇境逢緣 觸著關梡 忽然虛空分碎 大地平沈 親見本來之性. 於此而得大事了辦者 代不乏人. 然成就人才 遠不能

---

[2] 부처님.
[3] 원문은 어머니가 낳아주신 콧구멍(娘生鼻孔), 곧 본래면목을 가리킴.

及唐朝之盛 何以故 人不如古故 法不會宗故.

  송대(宋代)에 와서 사람들의 근기(根器)[4]가 점점 하열(下劣)해지므로 조사들께서는 그 증세에 맞춰 약을 쓰는 방편으로 화두(話頭)[5]를 참구하는 법문을 열었으나, 사실은 화두 또한 하나의 망상(妄想)일 뿐이다.

  이는 독(毒)으로 독을 공격하는 것이니, 참구하는 화두로 잡념에 대적하며 시시각각 끊이지 않게 이끌어 가면 점점 주객(主客)[6]을 함께 잊게 되며, 드러나는 업(現業)과 흐르는 심식(心識)이 끊어져 어지러운 마음이 소멸되는 때에 이른다. 거기서 시절인연(時節因緣)을 만나면 깨달음의 문고리에 닿게 되어 홀연히 허공이 무너지고 대지가 가라앉는 듯하며 본래 성품을 직접 보게 된다. 이렇게 되면 큰일(大事)을 마친 것이다.

  공부에 힘쓰는 사람은 어느 시대에나 있었지만 오늘날 성취를 이루는 사람이 멀리 당대(唐代)의 왕성함에

---

4) 근본이 되는 힘이나 참을성 있게 견뎌 내는 힘.
5) 부처님과 스님들의 말씀이나, 행동, 그리고 문답으로 이루어진 것으로 수행하는 과정에서 본질에 대한 의구심을 이끌어내기 위한 질문.
6) 주관(主觀)과 객관(客觀), 혹은 주체(主體)와 대상 경계(境界).

미치지 못하는 이유는 무엇인가? 사람들의 근기가 예전만 같지 못하기 때문이고, 요즘의 수행법이 종문(宗門)의 근본 뜻에 부합하지 않기 때문이다.

往年吾師 虛雲老人 領雲門時 爲救時病 不惜眉毛 拈出 參禪要旨 先後提示 累萬餘言 已輯載 老人法彙書內 讀 之者 始恍然知歸焉. 老人特別指出話頭話尾之分 曰 "話 從心起 心是話之頭" 曰 "所謂話頭 卽是一念未生之際 一念才生已成話尾" 曰 "死死握著 一片敲門瓦子 念著念 佛是誰 這箇話頭 成了念話頭. 以爲如此 可以起義情 得 開悟 殊不知這是 在話尾上用心 乃是生滅法 終不能到 一念無生之地".

지난 날 나의 스승 허운(虛雲) 스님께서 운문산(雲門山)[7]을 통솔하실 때 당시의 병을 구제하기 위해 당신의 몸을

---

7) 중국 광동성 소주(蘇州)에 있음. 5대 후진(後晋) 말기, 운문종(雲門宗)의 종조(宗祖) 문언(文偃) 선사가 당우(堂宇)를 신건, 2년 후에 준공. 광태선원(光泰禪院)이라 하였으며 운문종이란 종명(宗名)은 산 이름을 쓴 것.

돌보지 않고 참선의 요지를 잡아내어 이치를 밝히신 것이 수도 없이 많다. 이것은 이미 허운 화상 어록[法彙]에 실려 있다. 이를 읽은 사람은 비로소 돌아갈 길을 분명히 알게 될 것이다.

허운 화상은 특별히 화두(話頭)와 화미(話尾)를 나눠서 가리켜 말씀하시기를 "말이란 마음으로부터 일어나는 것이니 마음이 곧 말(話)의 머리(頭)다"라고 하셨다. 또 "이른 바 화두(話頭)란 곧 한 생각도 일어나지 아니한 것이며, 한 생각만 일어나도 이미 화미(話尾)를 이룬다"라고 하셨다. 또 말씀하시기를 "문을 두드리는 한 조각 기왓장을 붙잡고 죽도록 집착하여 '염불(念佛)하는 자는 누구인가'를 염(念)할 뿐이니, 이러한 화두는 염화두(念話頭)[8]를 이룰 뿐이다. 이와 같이 하면서 의정(疑情)이 일어나 깨달음을 얻으리라 생각하지만, 이미 화미(話尾)에서 마음을 쓰는(用心) 것이라 이는 곧 생멸의 법이며 끝내 한 생각도 일어나지 않는[一念無生] 경지에 이르지 못함을 도무지 모른다"고 하셨다.

---

8) 화두(話頭)는 마음의 식을 끊어내어 깨달음으로 나아가는 것인데, 염화두(念話頭)는 이미 심식을 쓰는 상태(話尾)에서 일으키는 것이므로 화두의 본질과 거리가 멀다는 것을 설명하고 있다.

凡此皆言 前人所未言之寶貴法語也 此外如指出四種境界病 及對治之藥 亦老婆心切 得未曾有. 香港佛經流通處林俠菴居士 讀法彙竟 尤愛此節. 因而唱印單行小冊 廣渡有情 善哉 善哉. 林公具此擇法眼睛 如探驪龍得其頷珠矣.

 무릇 스님의 이 모든 말씀이 옛사람이 말하지 못했던 귀중한 말씀이다. 이외에도 네 가지 경계의 병[四種境界病]과 그 병을 대처하는 약(藥)을 가리켜 보이셨으니, 이토록 간절한 노파심(老婆心) 역시 일찍이 없었던 일이다.
 홍콩불경유통처의 임협암거사가 이 법문을 읽고는 더욱 이 구절을 좋아하여 소책자로 만들어 널리 중생들을 제도하고자 하였다. 좋은 일이고 좋은 일이다. 임 선생의 법을 가려내는 안목은 마치 검은 용(龍)의 턱밑에서 여의주(如意珠)를 찾는 것처럼 뛰어난 바가 있다.

前賢瞿汝稷有言 "生於萬物之中而得爲人 人而男 男而知讀書 於書知讀竺墳 於竺墳知宗門 是猶穀乳而得雪山之牛 復能得酪於乳 得生酥於酪 而熟酥而醍醐哉" 嘻 人身難得 佛法難聞 中國難生 知識難遇. 吾人幸値 老人出世 盡破四難 林公諸位 聞法信受 舉獻大衆. 經云 "諸供養中 法供養最". 如斯功德 豈算數譬喩之所能及耶. 邇者 飛函索吾爲序 數千里外 聲應氣求 五百世前 因眩果海 不辝謭陋 强添錦上之花 隨順衆情 竟著佛頭之糞

 時 佛歷二千五百年 丙申 初夏 釋融熙 序 于馬來亞 佛學社 導師室

 옛 성현 구여직[9]은 "만물 중에 사람으로 태어났고, 사람 중에도 남자가 되었으며, 남자로서 책을 읽을 줄 알고, 책 중에서도 불경을 읽을 줄 알고, 불경 중에도 으

---

9) 중국 명나라 때 사람. 선종의 전승(傳承)을 중심으로 과거칠불에서 송나라 대혜 종고에 이르는 선종의 통사(通史) 격인 지월록(指月錄)을 지었다.

뜸가는 문[宗門]¹⁰을 알았으니 이것은 마치 설산(雪山)에 사는 소의 젖을 짜서 우유(牛乳)를 얻고, 그 우유에서 신선한 낙(酪)을 얻고, 낙에서 소(酥)를 얻고, 소를 숙성해서 제호(醍醐)¹¹를 얻은 것과 같다고 했다.

아아, 사람 몸 받기 어렵고 불법 듣기 어려우며, 중국에 태어나기 어렵고 선지식(善知識)을 만나기도 어렵다.

우리들은 다행히도 허운 스님이 세상에 나오신 덕분에 네 가지 어려움을 다 해결했으며, 임 선생 등 여러 사람은 법을 듣고 믿어 대중에 공양하였다. 이 같은 공덕을 경에 이르기를 "여러 가지 공양 중에 법공양(法供養)이 최고"라고 했으니 이 공덕이 어찌 산수비유(算數譬喩)로 미칠 바이리오.

멀리서 편지를 보내 내게 서문을 부탁하니 수 천리 밖에서 기운을 구함에 소리가 응한 것이다. 오백생 전의 인연(因緣)이 모여 이뤄진 결과라, 내 모자람에도 불

---

10) 선문(禪門)을 뜻함.
11) 낙, 소, 제호(酪, 酥, 醍醐) : 우유를 차례로 정제하여 만든 음식. 최종 산물 제호(醍醐)는 세상에서 가장 맛이 좋은 음식으로 간주되며, 불성(佛性)을 비유하기도 함.

구하고 사양치 못해 억지로 비단위에 꽃을 더했으며, 여러 사람의 뜻에 따르기 위해 부처님 머리에 똥칠을 하노라.

불기 2500년(서기 1956년) 병신(丙申) 초여름,
말레이시아 불학사(佛學社) 도사실(道師室)에서
석융희(釋融熙) 씀

제1장

참선의 선결(先決)조건

參禪的目的 在明心見性. 就是要去掉自心的污染 實見自性的面目 污染就是妄想執著 自性就是如來智慧德相. 如來智慧德相 爲諸佛衆生所同具 無二無別. 若離了妄想執著 就證得自己的如來智慧德相 就是佛 否則就是衆生. 祇爲你我從無量劫來 迷淪生死 染污久了 不能當下頓脫妄想 實見本性. 所以要參禪. 因此參禪的先決條件 就是除妄想 妄想如何除去. 釋迦牟尼佛說的很多 最簡單的莫如 "歇卽菩提" 一箇 "歇" 字.

 참선(參禪)의 목적은 마음을 밝히고 성품을 보는 것이다. 즉 마음의 오염(污染)을 제거하여 자기 성품(自性)의

참모습을 실답게 보는 것이다. 오염이란 곧 망상과 집착(執着)이며, 자성은 바로 여래의 지혜(智慧)와 덕상(德相)이다. 여래의 지혜와 덕상은 제불보살(諸佛菩薩)과 중생(衆生)이 함께 갖추고 있는 것이니, 둘이 아니요 다르지도 않다. 망상과 집착을 여의기만 하면 자기의 여래 지혜와 덕상을 증득하니, 이렇게 증득한 이가 곧 부처이며, 그렇지 않으면 중생이다.

다만 그대와 나는 무량겁(無量劫) 이래로 미혹되어 생사윤회(生死輪回)의 바다에 빠져 오염된지 오래라, 단박에 망상을 벗어나 참된 본성을 볼 수가 없으며, 그런 까닭에 참선이 필요한 것이다. 그러므로 참선의 선결조건(先決條件)은 망상을 없애는 것이다. 어떻게 하면 망상을 제거할 수 있을까? 석가모니 부처님께서 설하신 말씀이 수도 없이 많지만, "쉬면 곧 깨닫는다[歇卽菩提]"[12]고 하신 말씀 중의 "쉼[歇]"만큼 간단한 것은 다시 없을 것이다.

---

12) 부처님의 가장 위대한 법문 중 '쉬면 곧 깨닫는다'는 말씀은 중국의 선사들에게 많은 법을 전해주었다. 대표적인 선사가 임제의현(臨濟義玄, ?~867)이다. 그는 '쉬기만 하면 그대로 청정법신이다(你若歇得 便是淸淨身界)' 라고 했다. ' 한 생각 쉬기만 하면 그대로가 바로 부처님'이라는 말은 현대를 살아가는 사람들이 반드시 가슴속에 담아 두어야 할 부처님의 명법문이다.

禪宗由達摩祖師傳來東土 到六祖後 禪風廣播 震爍古今.
但達摩祖師和六祖開示學人最緊要的話 莫若 "屏息諸緣
一念不生". 屏息諸緣 就是萬緣放下 所以 "萬緣放下 一
念不生" 這兩句話 實在是參禪的先決條件 這兩句話如果
不做到 參禪不但是說沒有成功 就是入門都不可能. 蓋萬
緣纏繞 念念生滅 你還談得上參禪嗎.

선종은 달마조사가 동토(東土)에 전하여 육조(六祖)[13]
에 이른 후부터 그 선풍(禪風)이 널리 퍼져 고금(古今)에
빛나는 위세를 떨쳤다.

달마대사와 육조께서 학인들을 가르친 가장 긴요한
말씀은 오직 "온갖 반연(攀緣)[14]을 한꺼번에 쉬어 한생

---

13) 중국 선종은 1조 달마, 2조 혜가, 3조 승찬, 4조 도신, 5조 홍인,
6조 혜능으로 이어진다.
14) 대경(對境)을 의지한다는 뜻. 혹은 원인(原因)을 도와서 결과(結果)
를 맺게 하는 일. 노인이 지팡이를 짚고야 일어나는 것처럼 마음
이 일어날 때는 반드시 대경(對境)을 의지하고 일어나니, 마음은
대경을 반연 한다. 이 반연이 일체 번뇌의 근본이 된다.

각도 내지 않는다[屛息諸緣 一念不生][15]"일 뿐 그 이상의 것은 없다. '모든 반연(攀緣)을 쉬라'는 말은 곧 '모든 반연을 놓아버리라'는 뜻이다. 그러니 "모든 반연을 놓아 한 생각도 내지 않는다[萬緣放下 一念不生]"라는 이 두 구절의 말씀이야말로 실로 참선(參禪)의 선결조건(先決條件)이다. 이 두 구절의 말과 같은 결과에 이르지 못한다면, 참선은 말 뿐이고 성공할 수 없으며, 아예 입문(入門)이 불가능하다. 온갖 연에 얽혀 생각 생각이 생멸하게 된다면 어찌 그대가 참선한다고 말할 수 있겠는가.

"萬緣放下 一念不生"是參禪的先決條件 我們既然知道了 那末 如何才能做到呢. 上焉者一念永歇 直至無生 頓證菩提 毫無絡索. 其次則以理除事 了知自性本來淸淨 煩惱菩提 生死涅槃 皆是假名 原不與我自性相干. 事事物物 皆是夢幻泡影. 我此四大色身 與山河大地 在自性

---

15)「육조단경(六祖壇經)」'오법전의(悟法傳衣)' 장에서 육조가 혜명(惠明)에게 한 말씀. "그대가 법을 위해 왔다면, 모든 반연을 쉬고 한 생각도 내지 말라. 그러면 그대를 위해 설하리라(汝旣爲法而來 可屛息諸緣 勿生一念 吾爲汝說)".

中 如海中的浮漚一樣 隨起隨滅無礙本體. 不應隨一切幻事的生住異滅 而起欣厭取捨 通身放下 如死人一樣 自然根塵識心消落 貪嗔癡愛泯滅. 所有這身子的痛癢苦樂飢寒飽暖 榮辱生死 禍福吉凶 毀譽得喪 安危險夷 一概置之度外 這樣才算放下 一放下 一切放下 永永放下 叫作萬緣放下. 萬緣放下了 妄想自消 分別不起 執著遠離. 至此 一念不生 自性光明 全體顯露. 至是參禪的條件具備了 再用功真參實究 明心見性才有分.

"모든 반연을 놓아 한 생각도 내지 않는다"고 한 이 말씀이 참선의 선결조건임을 우리가 이미 알고 있다면, 어떻게 거기에 도달할 수 있을까?

가장 좋은 방법은 한 생각을 영원히 쉬어 곧 바로 무생(無生)에 도달하고[一念永歇 直至無生], 단박에 깨달음을 증득하여 추호의 얽매임도 없게 되는 것이다.

그 다음가는 방법은 이치(理)로 경계(事)를 다스려서 [以理除事]16 자성이 본래 청정하고, 번뇌와 보리, 생사열반(生死 涅槃)이 다 거짓 이름뿐, 원래 나의 자성과 아

---

16) 마음으로 얻은 이치나 수행법을 통해 바깥 경계로 쏠리는 마음의 성향을 제어하거나 없애는 것.

무 상관이 없음을 또렷이 알게 되는 것이다.

모든 사물이 다 꿈이고 꼭두각시이며, 물거품이고 그림자다. 나의 이 사대색신((四大色身)[17]과 산하대지(山河大地)는 자성(自性) 중에 존재하는 것이며, 바다에 이는 물거품처럼 인연 따라 일어났다 꺼졌다하지만 본체를 방해하지 않는다.

모두가 허망한 일인 생주이멸(生住異滅)을 따라 좋아하고 싫어하고 취하고 버리는 마음을 일으키지 말고, 죽은 사람처럼 온몸을 내려놓으면 자연히 육근(六根)[18]과 육진(六塵)[19]에 반연하는 식심(識心)[20]이 떨어져 없어질 것이며, 탐진치애(貪嗔癡愛)의 마음도 사라질 것이

---

17) 지수화풍(地水火風) 네 가지 원소가 화합하여 이루어진 형상이 있는 몸. 곧 육신(肉身).
18) 우리 몸의 여섯 가지 감각기관인 눈, 귀, 코, 혀, 몸, 뜻(眼耳鼻舌身意)이 육근(六根). 그와 대응하는 바깥 대상인 빛깔, 소리, 냄새, 맛, 닿질림, 생각(色聲香味觸法)이 육경(六境). 육근이 각각 대상인 육경을 만나 생겨난 마음작용의 결과가 육식(六識)이다.
19) 6경(境)을 말함. 이 6경은 6근을 통하여 몸 속에 들어가서 우리들의 정심(淨心)을 더럽히고, 진성(眞性)을 덮어 흐리게 하므로 티끌(塵)이라 함.
20) 일체의 정신 작용. 구사(俱舍)에서는 심과 식을 동체이명(同體異名)이라 하고, 유식(唯識)에서는 심(心)과 식(識)을 따로 나누어 제8식을 심, 전5식과 제6식까지를 식이라 함. 제7식은 의(意).

다. 뿐만 아니라 이 몸을 통한 아픔이며 가려움, 괴로움과 즐거움, 배고픔과 배부름, 추움과 따뜻함, 영화와 욕됨, 생사(生死), 화복(禍福), 길흉(吉凶), 헐뜯음과 칭찬, 안전함과 위태로움, 험난함과 평탄함 등의 모든 것을 나와는 무관한 것으로 도외시해야 겨우 놓아버렸다고 할 수 있고, 한번 놓을 때 모든 것을 놓고, 영원히 놓아버려야 모든 반연을 놓아버렸다고 말할 수 있다. 온갖 반연을 내려놓으면 망상은 저절로 없어지고 분별(分別)은 일어나지 않으며 집착에서 멀어지게 된다.

여기에 이르면 한 생각도 일어나지 않을 것이며 자성의 광명(自性光明)이 온전히 드러나게 된다. 이 경지에 이르면 참선의 선결조건이 구비된 것이고, 여기서 다시 노력하여 진실로 참구(參究)하여야 겨우 마음을 밝히고 성품을 볼 가능성이 생긴다.

日來常有禪人來問話 夫法本無法 一落言詮 卽非實義. 了此一心 本來是佛 直下無事 各各現成 說修說證 都是魔話. 達摩東來 "直指人心 見性成佛" 明明白白指示 大

地一切衆生都是佛. 直下認得此淸淨自性 隨順無染 二六時中 行住坐臥 心都無異 就是現成的佛 不須用心用力 更不要有作有爲 不勞纖毫言說思惟. 所以說成佛是最容易的事 最自在的事 而且操之在我 不可外求. 大地一切衆生 如果不甘長劫輪轉于四生六道 永沈苦海 而願成佛 常樂我淨 諦信佛祖誠言 放下一切 善惡都莫思量 箇箇可以立地成佛. 諸佛菩薩及歷代祖師 發願渡盡一切衆生 不是無憑無據 空發大願 空講大話的.

근래에 참선하는 사람들이 와서 화두에 관해 묻는다. 대저 법(法)[21]은 본래 법이 아니며, 한번 언어 표현에 떨어지게 되면 곧 진실한 뜻이 아니다. 이 한마음(一心)을 밝히면 본래 부처이며 당장에 아무 일도 없어서, 모든 것이 지금 있는 그대로 완전하게 되니, 수행(修行)을 말하고 증득(證得)을 말하는 것은 모두가 마군이(魔)의 이야기이다.

---

21) 제 성품을 가졌고[任持自性] 물건의 알음알이를 내게 하는[軌生物解] 두 뜻을 가졌다. 자신의 독특한 성품을 가지고 있어 궤범(軌範)이 되어 다른 이에게 일정한 요해(了解)를 내게 하는 것. 물질·정신의 일체 만유는 모두 이 뜻을 가졌으므로 일체제법 또는 만법이라 하고, 혹은 분류하여 75법·100법 등이라 하며, 그 대부분은 제6의식(意識)의 대경이 되므로 법경(法境)이라 한다.

달마 스님이 동쪽으로 오셔서 "사람의 마음을 바로 가리켜 성품을 보고 부처를 이룬다[直指人心 見性成佛][22]" 하심은 이 세상 모든 중생이 부처임을 명백하게 가리켜 보인 것이다. 곧바로 이 청정자성(淸淨自性)을 알면 일체 경계를 따라도 물들지 않으며, 하루 24시간 가고 머물고 앉고 누움[行住坐臥]에 도무지 마음이 변하지 않으니 이것이 완성된 부처다. 마음을 쓰거나 힘을 쓸 필요도 없고, 다시 일부러 해야 할 행동도 없어 털끝만한 말이나 생각도 필요하지 않다.

그러니 부처가 되는 일은 가장 쉬운 일이자 가장 자연스런 일이라고 말하는 것이다. 또한 이 일은 내가 하기에 달린 일이요, 밖으로 구해서 될 일이 아니다. 세상의 일체중생이 오랜 겁 동안 사생육도(四生六道)[23]에 윤

---

22) 내 마음이 곧 부처라는 뜻으로, 깨달아서 얻는 나의 마음이 곧 부처의 마음과 같으며, 따로 부처가 없다는 말이다. 이는 즉심시불(卽心是佛)을 뜻하는데 자기가 부처 성품을 가진 것을 알게 되면 모든 선악과 분별을 초월하게 된다.

23) 불교에서 모든 생명체를 출생방식에 따라 네 가지로 분류한 것을 말하며 미혹(迷惑)의 세계에 존재한다. ① 태생(胎生) : 인간·짐승 등과 같이 모태에서 태어난 것, ② 난생(卵生) : 새와 같이 알에서 태어난 것, ③ 습생(濕生) : 벌레·곤충과 같이 습한 곳에서 생긴 것, ④ 화생(化生) : 천계나 지옥의 중생과 같이 무엇에도 의

회하며 길이 괴로움의 바다[苦海]에 빠지는 것을 좋아하지 아니하고, 부처를 이루어 상락아정(常樂我淨)[24]에 이르기를 원한다면, 진실로 부처님과 조사(佛祖)의 진실된 말씀을 속속들이 믿어야 한다. 일체를 내려놓고 선도 악도 모두 생각하지 않으면 모든 사람이 그 자리에서 부처를 이룰 것이다. 제불보살(諸佛菩薩)과 역대 조사들께서 모든 중생을 남김없이 제도하기를 발원(發願)하셨으니, 이는 결코 아무 근거 없이 대원(大願)을 발한 것이 아니며 공연히 큰소리를 친 것도 아니다.

上來所說 法爾如此 且經佛祖反覆闡明 叮嚀囑咐 眞語實語 幷無絲毫虛誑. 無奈大地一切衆生 從無量劫來 迷

지하지 않고 자신의 업력(業力)에 의하여 나타나는 것을 말한다. 이러한 사생은 육도[천(天)·인간·아수라(阿修羅)·축생(畜生)·아귀(餓鬼)·지옥]에 차례로 윤회한다.

24) 열반의 4덕(德). 곧 생멸 변천함이 없는 덕(常), 생사의 고통을 여의어 무위(無爲)하고 안락한 덕(樂), 망집(妄執)의 아(我)를 여의고 8대자재(大自在)가 있는 참나(我), 번뇌의 더러움을 여의어 담연청정(湛然淸淨)한 덕(淨).

淪生死苦海 頭出頭沒 輪轉不已 迷惑顚倒 背覺合塵. 猶如精金投入糞坑 不惟不得受用 而且染污不堪. 佛以大慈悲 不得已說出八萬四千法門 俾各色各樣根器不同的衆生 用來對治貪瞋癡愛等八萬四千習氣毛病. 猶如金染上了各種污垢 乃敎你用鏟 用刷 用水 用布等來洗刷琢抹一樣. 所以佛說的法 門門都是妙法 都可以了生死 成佛道. 只有當機不當機的問題 不必强分法門的高下. 流傳中國最普通的法門爲宗敎律淨密. 這五種法門 隨各人的根性和興趣 任行一門都可以. 總在一門深入 歷久不變就可以成就.

앞에서 말한 바는 법이 본래 그러하기 때문이다. 더욱이 경(經)과 부처님, 조사께서 거듭거듭 밝혀 간곡히 부촉(咐囑)[25]하신 참되고 실다운 말씀에는 실터럭 만큼의 헛됨과 거짓이 없다. 그러나 세상의 일체중생은 한없는 세월을 생사고해(生死苦海)에 빠져 허우적거리며 윤회를 그치지 못하고, 미혹하고 전도(顚倒)되어 깨달음을 등지고 티끌과 결합하고 있다. 이것은 마치 순금이

---

25) 부탁하여 맡김. 부처님이 설법하신 뒤 청중 가운데서 어떤 이를 가려내어 그 법의 유통(流通)을 촉탁하는 것이 상례(常例)다.

똥구덩이에 빠진 것과 같아서, 금을 사용할 수 없을 뿐만 아니라 더러움을 감당할 수가 없다.

부처님의 큰 자비심으로 그냥 보고만 있을 수 없어 팔만 사천 법문을 설하여 근기가 같지 않은 각양각색 중생들의 탐진치애(貪嗔癡愛) 등 팔만사천 습기(習氣)[26]와 병을 치료하게 하셨다. 이는 주걱, 솔, 물, 헝겊 등을 써서 순금을 오염시킨 여러 가지 더러운 때를 쪼고, 털고, 문지르고, 씻어내는 법을 그대들에게 가르치시는 것과 같다.

그렇기 때문에 부처님이 설하신 법문(法門)[27]은 문마다 다 묘한 법이며 모두가 생사를 해결하여 성불할 수 있는 도(道)인 것이다. 다만 그 사람의 근기에 적당한가 아니한가가 문제일 뿐, 구태여 법문의 높고 낮음을 구분할 필요가 없다. 중국에 전래된 일반적인 법문이라면 종(宗), 교(敎), 율(律), 정토(淨土), 밀교(密敎)가 있다. 이

---

26) 번뇌의 체(體)를 정사(正使)라 함에 대하여, 습관의 기분으로 남은 것을 습기라 함. 곧 향 담았던 그릇은 향을 비웠어도 오히려 향기가 남아 있는 것과 같은 따위. 곧 버릇.

27) 법은 교법, 문은 드나든다는 뜻. 부처님의 교법은 중생으로 하여금 나고 죽는 고통 세계를 벗어나, 열반에 들게 하는 문이므로 이렇게 이름. 여기서 선사는 법을 주장하는 문파(門派)의 뜻으로 사용.

다섯 가지 법문은 사람마다의 근기와 성품, 취향에 따라 교화하기 위해서이니 어느 한 문만 수행해도 좋다. 한 문에 깊이 드러가면 모든 것이 있으니, 오래 오래 변함없이 해나가면 틀림없이 성취할 것이다.

宗門主參禪 參禪在"明心見性"就是要參透自己的本來面目 所謂"明悟自心 徹見本性"這箇法門 自佛拈花起 至達摩祖師傳來東土以後 下手功夫 屢有變遷.

종문은 참선을 주로 한다. 참선은 '마음을 밝혀 성품을 보는' 데 있으며, 이는 곧 자기의 본래면목을 참구하여 뚫는 것이다. 소위 "자기의 마음을 밝게 깨달아 본래의 성품을 꿰뚫어본다[明悟自心 徹見本性]"는 이 법문은 부처님께서 연꽃을 드신 것[28]으로 시작하여 달마대사가

---

28) 염화미소(拈華微笑)라고도 한다. 『대범천왕문불결의경(大梵天王問佛決疑經)』에 기록되어 있다. 영산(靈山)에서 범왕(梵王)이 석가모니 부처님께 설법을 청하며 연꽃을 바치자, 부처님께서 연꽃을 들어 대중들에게 보였다. 대중은 그것이 무슨 뜻인지 깨닫지 못하였으나, 가섭(迦葉)만은 참뜻을 깨닫고 미소 지었고 이에 부처님은 가

중국에 온 이후에 이르기까지 공부하는 방법이 여러 차례 변했다.

在唐宋以前的禪德 多是由一言半句 就悟道了 師徒間的 傳授 不過以心印心 并沒有什麼實法 平日參問酬答 也不過隨方解縛 因病與藥而已. 宋代以後 人們的根器陋劣了 講了做不到. 譬如說 "放下一切" "善惡莫思" 但總是放不下 不是思善 就是思惡. 到了這箇時候 祖師們不得已採取以毒的辦法 教學人參公案 或是看話頭. 甚至于要斂定一箇死話頭 教你斂得緊緊 刹那不要放鬆. 如老鼠啃棺材相似斂定一處 不通不止. 目的在以一念抵制萬念 這實在是不得已的辦法. 如惡毒在身 非開刀療治 難以生效.

섭에게 정법안장(正法眼藏:사람이 본래 갖추고 있는 마음의 묘한 덕)과 열반묘심(涅槃妙心:번뇌와 미망에서 벗어나 진리를 깨닫는 마음), 실상무상(實相無相:생멸계를 떠난 불변의 진리), 미묘법문(微妙法門:진리를 깨닫는 마음) 등의 진리를 전해 주었다. 즉 말을 하지 않고도 마음과 마음이 통하여 깨달음을 얻게 된다는 뜻으로, 선 수행의 근거와 방향을 제시하는 중요한 화두다.

당송(唐宋) 이전의 선사들은 흔히 한마디 말이나 반 구절의 말로도 도(道)를 깨달았다. 스승과 제자 간의 전수(傳授)도 마음으로 마음에 인가한 것에 지나지 않아 어떤 실다운 법이 있는 것이 아니었다. 일상생활의 문답도 방편에 따라 묶인 곳을 풀어주는 데 지나지 않아 병을 보고 약을 주는 것과 같았다.

송대 이후 사람들의 근기가 하열(下劣)해져서 알려주어도 성과를 이루지 못했다. 비유해 말하자면 "일체를 놓아라[放下一切]"[29] "선도 악도 생각하지 말라[善惡莫思]" 해도 도무지 놓지 못하고, 선을 생각하지 않으면 악을 생각하는 식이 되었다. 이러한 때를 당해서 조사들은 어쩔 수 없이 독(毒)으로 독을 공격하는 법을 채택하여, 학인들에게 공안(公案)[30]을 참구하게 하거나 화두를

---

29) 방하착(放下着). 당나라 때 엄양(嚴陽)선사가 조주(趙州)선사에게 "한 물건도 가지고 있지 않을 때 어떤가요?" 라고 물으니 조주는 "내려놓아라" 고 대답하였다. 여기에서 방은 놓는다는 뜻이 있고 하(下)는 나무의 근원인 뿌리를 말하는데 즉 주인공인 나를 뜻한다. 착은 집착이나 애착이다. 이를 합치면 주인공인 나를 집착에서 풀어 놓으라는 뜻이다.

30) 화두라고도 한다. 불교의 근본진리를 묻는 물음에 대한 선사들의 대답, 혹은 제자를 깨달음으로 이끄는 언어, 행동을 기술한 것으로 1,700개에 이른다고 하나 기실 다 같은 것이다.

보라고 가르쳤던 것이다. 심지어는 하나의 죽은 화두를 물고 늘어지되 아주 바짝 잡아서 찰나도 흐트러지지 말라고 가르쳤다. 마치 쥐가 관재(棺材)를 쏠 때 한 곳만 파고들어 뚫어질 때까지 그치지 않는 것과 마찬가지다.

이렇게 하는 목적은 한 생각으로써 온갖 생각을 물리치는 것[一念抵制萬念]이니 진실로 부득이한 방법이다. 마치 나쁜 독이 몸에 들어 있으니 칼로 째서 치료하지 않으면 살기가 어려운 것과 같은 이치다.

古人的公案多得很 後來專講看話頭 有的"看拖死屍的是誰"有的"看父母未生以前 如何是我本來面目" 晚近諸方多用"看念佛是誰"這一話頭. 其實都是一樣 都很平常 并無奇特 如果你要說 看念經的是誰 看持呪的是誰 看拜佛的是誰 看喫飯的是誰 看穿衣的是誰 看走路的是誰 看睡覺的是誰 都是一箇樣子.

옛 사람들의 공안이 많으나 후에 와서는 오로지 화두만을 보라고 가르쳤다. "저 시체를 끌고 다니는 것이 누구인가[看拖死屍的是誰]를 보라"라든가 "부모에게 태어나기 전에 어떤 것이 나의 본래면목인가[父母未生以前如何是我本來面目]를 보라" 등이 있는데, 근래 제방(諸方)에서 흔히 드는 것은 "염불(念佛)하는 것은 이 누구인가[念佛是誰]를 보라[31]"고 하는 하나의 화두다. 그 실은 다 같은 것이며 도무지 평범할 뿐 별로 기특할 것도 없다.

요점을 말하자면 경을 읽는 이는 누구인가, 주문을 외는 이는 누구인가, 부처님께 절을 하는 이는 누구인가, 밥을 먹는 이는 누구인가, 옷을 입는 이는 누구인가, 길을 가는 이는 누구인가, 잠을 자고 깨는 이는 누구인가를 보라고 해도 이 모두가 같은 '누구인가'를 보는 한 가지 화두인 것이다.

誰字下的答案 就是心 話從心起 心是話之頭 念從心起 心是念之頭. 萬法皆從心生 心是萬法之頭. 其實話頭 卽是念頭 念之前頭就是心. 直言之 一念未生以前就是話

---

31) 결국 이뭣꼬(是甚麼)와 같다.

頭. 由此 你我知道 看話頭就是觀心. 看父母未生以前的 本來面目 就是觀心. 性卽是心 "反聞聞自性" 卽是反觀觀自心. "圓照淸淨覺相" 淸淨覺相卽是心 照卽觀也.

 "누구인가"라는 물음의 답은 마음이다. 말은 마음을 따라 일어나므로 마음이 말의 머리요, 생각도 마음으로부터 일어나므로 마음이 생각의 머리다. 만법(萬法)이 모두 마음으로부터 생기므로 마음은 만법의 머리다. 실로 화두는 곧 이 생각의 머리이며, 생각 이전의 머리는 이 마음이다. 바로 말해서 한 생각 일어나기 전이 곧 화두인 것이다.

 이러하니 우리는 화두를 보는 것이 곧 마음을 보는 것[觀心][32]임을 알 수 있다. 부모에게서 태어나기 이전의 본래면목(本來面目)은 이 마음이다. 그러므로 부모에게서 태어나기 이전의 본래면목을 본다는 것은 곧 마음을 관(觀)[33]하는 것이다. 성품은 곧 마음이며 "들음

---

32) 마음을 본다 혹은 마음을 살핀다는 뜻.
33) 선정에 들어 지혜로써 상대되는 경계를 자세히 식별(識別)하는 것. 마음을 기울여 꿰뚫어보는 것.

을 돌이켜 자성을 듣는다[反聞聞自性][34]"는 것은 곧 관(觀)하는 것을 돌이켜 자기마음을 관하는 것[反觀觀自心]이다. "청정한 깨달음의 상을 원만히 비추어 본다[圓照淸淨覺相][35]"고 할 때 청정한 상이 바로 마음이며 비추는 것이 곧 관(觀)이다.

心卽是佛 念佛卽是觀佛 觀佛卽是觀心. 所以說 "看話頭" 或者是說 "看念佛是誰". 就是觀心 卽是觀照自心淸淨覺體 卽是觀照自性佛. 心卽性 卽覺卽佛. 無有形相方所 了不可得 淸淨本然 周徧法界 不出不入 無往無來 就是本來現成的淸淨法身佛. 行人都攝六根 終一念始生之處看去 照顧此一話頭 看到離念的淸淨自心 再綿綿密密 恬恬淡淡 寂而照之 直下五蘊皆空 身心俱寂 了無一事 從此晝夜六時 行住坐臥 如如不動 日久功深 見性成佛 苦厄度盡.

---

34) 『능엄경』에서는 여러 공부법 중 관세음보살의 이근원통(耳根圓通)을 최고의 것으로 판정했다. 이근원통법의 골자가 곧 반문문자성(反聞聞自性)이다.

35) 『원각경(圓覺經)』 '문수보살장(文殊菩薩章)'.

마음이 곧 부처이며 부처를 염하는 것(念佛)이 곧 부처를 관하는 것[觀佛]이고, 부처를 관하는 것이 곧 마음을 관하는 것[觀心]이다. 그러므로 "화두를 보라"고 하거나, "부처를 생각하는 이는 누구인가를 보라"고 말하는 것이다. 이것이 곧 마음을 관하는 것, 즉 자기 마음의 청정한 깨달음의 당체[自心淸淨覺體]를 비춰 관하는 것[觀照]이며 또한 자기 성품의 부처(自性佛)[36]를 관조하는 것이다.

　마음이 곧 성품이고 깨달음이며 부처다. 마음이란 형상이나 방향이 없으니 끝내 얻을 수 없는 것이며, 청정한 그대로 법계에 두루하여, 들고 나지도 않고 오고 감도 없으니, 본래 있는 그대로 이루어진 청정법신불(淸淨法身佛)[37]이다. 수행하는 사람이 육근(六根)을 거두어 들여 한 생각이 일어나는 곳을 쫓아 살피며 한 화두를 돌

---

36) 중생 각자의 본성(本性) 속에 있는 부처님.
37) 삼신불(三身佛) 가운데 하나로 우주의 진리를 인격화한 부처. 한국에서는 비로자나불을 뜻하며 다른 삼신불인 응신(應身)과 보신(報身)의 모체가 된다. 불교 초기에는 석가모니 한 분만을 부처로 보았으나, 후에 대승불교가 일어나면서 영원한 과거부터 이미 성불(成佛)한 부처가 존재하였고 미래에도 존재하여 인간을 교화할 것이라는 미래불, 과거불 관념이 전개되었다. 이러한 부처를 구원의 법신불이라 한다.

이켜 비추면 생각을 떠난 청정한 자기 마음을 보게 된다. 그러므로 아주 면밀하고 담담하게 고요한 가운데 그것을 비추어 보면[寂而照之] 곧 바로 오온(五蘊)[38]이 다 공하고 심신(心身)이 함께 고요하여 마침내 아무 일도 없게 된다. 이때부터 시작해서 밤낮 24시간 행주좌와에 한결같이 움직이지 않아서[如如不動], 날이 더하고 공부가 깊어지면 견성성불(見性成佛)하여 일체의 고난과 재액[苦厄]을 건너가게 될 것이다.

---

38) 오온은 나의 존재를 구성하는 '색'(色), '수'(受), '상'(想), '행'(行), '식'(識)을 말한다. '색'은 물질적인 형태로서 육체를 의미하고 '수'는 감수(感受) 작용이다. 의식 속에 어떤 인상을 받아들이는 것, 감각과 쾌·불쾌 등의 단순 감정을 포함한 작용을 말한다. '상'은 표상 작용으로 의식 속에 상(象)을 구성하고 마음속에 어떤 것을 떠올려 관념을 형성하는 것, 대략 지각·표상 등을 포함하는 작용이다. '행'은 형성 작용으로, 능동성·잠재성 형성력을 의미하고, '식'은 식별작용을 말한다. 대상을 구별하고 인식·판단하는 작용, 혹은 마음의 작용 전반을 총괄하는 주체적인 마음의 활동을 뜻한다. 개인의 존재는 이 오온에 의해 성립하는데, 세속적 입장에서는 이렇게 하여 성립한 모든 것을 총괄하여 '아'(我)·'자아'라고 한다. 그러나 오온은 현상적인 것이기 때문에 끊임없이 생멸·변화하고 있으며 언제나 머물러 있는 불변(不變)의 실체(實體)는 존재하지 않는다.

昔高峯祖師云 "學者能看箇話頭 如投一片瓦塊在萬丈深潭 直下落底 若七日不得開悟 當截取老僧頭去". 同參們 這是過來人的話 是眞語實語 不是騙人的誑語啊.

 옛날 고봉(高峯) 조사[39]가 이르기를, "공부하는 사람은 이 화두를 살피기를 마치 한 개의 기왓장을 만 길이나 되는 깊은 연못에 던지면 곧 바로 못 바닥으로 내려가는 것과 같이 하라. 그렇게 해서 7일이 되도록 깨닫지 못하면 나의 머리를 베도 좋다"고 했다. 함께 참구하는 사람들아, 이는 바로 경험해 본 선배의 말이며 참되고 실다운 말이지 사람을 속이는 말이 아니다.

---

39) 고봉조사는 「선요(禪要)」에서, "보지 못했는가? 옛사람이 말하되 만약 생사를 벗어나려고 한다면 반드시 조사의 관문을 뚫어야 한다고 했으니 필경 무엇을 관문이라고 하는가"라고 했다. 그는 남송(南宋) 말기의 인물이다. 어릴 적부터 참선 염불을 좋아하여 15세 때 출가하여 20세까지 천태 교학을 공부하다 생멸심을 끊자면 교학보다 선종이라 생각하고 밀운화상을 찾아 '태어난다는 것은 어디서 오는 것인가? 죽는다는 것은 어디로 가는 것인가?'란 화두를 받고 3년의 죽음의 기간을 정해 몸도 씻지 않고 머리도 깎지 않고 자리에도 눕지 않고 정진하였다.

然而爲什麼現代的人 看話頭的多 而悟道的人沒有幾箇呢. 這箇由于現代的人 根器不及古人. 亦由學者對參禪看話頭的理路 多是沒有摸淸 有的人東參西訪 南奔北走 結果鬧到老 對一箇話頭還沒有弄明白 不知什麼是話頭 如何才算看話頭. 一生總是執著言句名相 在話尾上用心 "看參佛是誰"呀 "照顧話頭"呀 看來看去 參來參去 與話頭東西背馳. 那裏會悟此本然的無爲大道呢 如何到得這一切不受的王位上去呢. 金屑放在眼裏 眼只有瞎 那裏會放大光明呀. 可憐啊 可憐啊好好的兒女 離家學道 志願非凡 結果空勞一場 殊可悲憫.

그러나 어째서 화두를 드는 현대인은 많은데 도를 깨닫는 사람이 적은가. 이것은 현대인의 근기(根器)가 옛사람만 못하기 때문이다. 또한 배우는 이가 참선을 하면서도 화두를 보는 이치와 방법[理路]을 분명하게 이해하지 못하는 일이 많아서다. 어떤 이는 동서남북으로 바쁘게 돌아다니며 찾고 묻기만 하다가 결국 늙음에 이르기까지 한 개의 화두도 명백하게 알지 못한다. 무엇이 화두이며 어떻게 화두를 들어야 하는지 제대로 알지 못하기 때문이다.

평생을 언구(言句)와 명상(名相)에만 집착하여 화미(話尾)에 마음을 쓰면서 "부처님께 참배하는 이는 누구인가를 본다" 하고, "화두를 비추어 본다"고 하며 화두보기를 계속하고 참구를 계속하니, 오히려 화두와는 정반대 방향으로 어긋난다. 어떻게 이러면서 본래 그러한(本然) 무위대도(無爲大道)를 깨달을 수 있을 것이며 이 일체의 영향을 받지 않는 왕의 자리에 오를 수 있겠는가. 금가루가 좋아도 눈에 넣으면 눈이 멀 뿐인데 어떻게 큰 광명 놓을 수 있겠는가. 가련하고 가련하다. 훌륭한 가문의 자제들이 집을 떠나 도를 배우는 데 그 뜻과 원(願)은 비범하지만 결과는 한바탕의 헛수고이니 심히 슬프고 불쌍한 일이다.

古人云 "審可千年不悟 不可一日錯路". 修行悟道 易亦難 難亦易. 如開電燈一樣 會則彈指之間 大放光明 萬年之黑暗頓除. 不會則機壞燈毀 煩惱轉增. 有些參禪看話

頭的人 著魔發狂 吐血罹病 無明火大 人我見深 不是很 顯著的例子嗎. 所以用功的人 又要善于調和身心 務須心 平氣和 無罣無礙 無我無人 行住坐臥 妙合玄機.

 옛사람이 이르기를, "차라리 천년을 깨닫지 못하더라도 하루의 길을 그르쳐서는 안 된다[寧可千年不悟 不可一日錯路]"고 했으니 수행하여 도를 깨닫는 일은 쉽고도 어려우며 어렵고도 쉽다. 깨닫는 것은 전깃불을 켜는 것과 같아서 알면 손가락 한번 튕기는 사이에 큰 광명을 놓아 만년의 어두움을 단박에 없애며, 알지 못하면 기계는 고장나고 전등은 망가져 번뇌만 더욱 더해진다.
 화두를 들고 참선을 하던 사람이 마(魔)에 집착하여 발광하거나 피를 토하고 병이 나며, 무명(無明)[40]의 불꽃이 커져 '나라는 소견과 남이라는 소견[人我見]'이 깊어지는 것은 그 뚜렷한 사례가 아니겠는가. 그러므로 공부하는 사람은 반드시 몸과 마음을 잘 조화롭게 하여 자신의 마음을 평안하게 하고 기를 고르게 하는데 힘을

---

40) 영원히 변하지 않는 진리인 고제(苦諦)·집제(集諦)·멸제(滅諦)·도제(道諦)의 근본의(根本義)에 통달하지 못한 어리석은 마음의 상태. 십이인연(十二因緣)의 하나이다.

써, 어떤 걸림도 없이 나라는 소견과 남이라는 소견도 버리고 행주좌와 중에도 현묘한 기틀[玄機]⁴¹에 묘하게 합해져야 할 것이다.

參禪這一法 本來無可分別. 但做起功夫來 初參有初參的難易 老參有老參的難易. 初參的難處在什麼地方呢. 身心不純熟 門路找不淸 功夫用不上 不是心中著急 就是打盹度日 結果成爲 "頭年初參 二年老參 三年不參". 易的地方是什麼呢. 只要具足一箇信心 長永心和無心 所謂信心者 第一信我此心 本來是佛 與十方三世諸佛衆生無異. 第二信釋迦牟尼佛說的法 法法都可以了生死 成佛道. 所謂長永心者 就是選定一法 終生行之 乃至來生又來生 都如此行持. 參禪的總是如此參去 念佛的總是如此念去 持呪的總是如此持去 學敎的總是從聞思修行去. 任修何種法門 總以戒爲根本 果能如是做去 將來沒有不成的.

---

41) 선의 경지는 순수한 마음가짐에서부터 비롯되는 것이다. 비록 글자 한 자 모르는 사람이라도 선적인 정서가 있는 사람은 선의 진정한 맛을 안다. 이것이 바로 현묘한 기틀인 것이다.

참선이라는 이 한 법은 본래부터 가히 분별할 수 없는 것이다. 다만 공부해 가는데 있어 초참자[初參]는 처음인 대로 그 어려움과 쉬움이 있고, 구참자[久參, 老參]에게는 오래된 대로 그 어려움과 쉬움이 있다. 초참자의 어려움이란 무엇을 말하는가. 몸과 마음이 순숙(純熟)[42]하지 않아서 나아갈 길이 맑지 못하고, 공부를 한다고 해도 향상되지 않으며, 마음만 조급하거나 아니면 그저 졸면서 세월을 보내니, "첫 해는 초참, 2년째는 구참, 3년째는 불참(不參)"이라는 결과를 낳을 뿐이다.

초참자의 쉬움이란 무엇인가. 오직 신심(信心)과 장영심(長永心), 무심(無心)만 갖추면 된다는 것이다.

이른바 신심(信心)은 첫째, 나의 마음이 본래 부처이며 시방삼세의 제불중생(諸佛衆生)과 더불어 다르지 않음을 믿는 것이요, 둘째, 석가모니 부처님이 설하신 법은 그 모든 법이 생사를 요달(了達)[43]하여 부처를 이루는 도(道)임을 믿는 것이다.

이른바 장영심(長永心)이란 어떤 한 법을 선정하여 생

---

42) 잘 익음. 부드럽고 진실하게 됨.
43) 해료통달(解了通達)하는 뜻. 사리를 완전히 이해하여 막힘없이 환히 통함.

을 마칠 때까지 수행하며, 내생(來生)과 그 이후의 내생에 이르도록 이와 같이 수행을 지켜가는 것을 말한다. 참선하는 이는 늘 이와 같이 참구하고, 염불하는 이도 늘 이와 같이 염불하며, 주문을 갖는 이도 늘 이와 같이 주문을 외우며, 교학을 배우는 이도 늘 이와 같이 듣고[聞], 생각하고[思], 수행[修]해야 한다. 어떠한 법문을 수행하더라도 모두 계(戒)가 그것의 근본이 된다. 이와 같이 수행하기만 하면 장차 이루지 못할 일은 없을 것이다.

潙山老人說 "若有人能行此法 三生若能不退 佛階決定可期" 又永嘉老人說 "若將妄語誑衆生 永墮拔舌塵沙劫". 所謂無心者 就是放下一切 如死人一般 終日隨衆起做 不再起一點分別執著 成爲一箇無心道人. 初發心人 具足了這三心 若是參禪看話頭 就看"念佛是誰". 你自己默念幾聲"阿彌陀佛" 看這念佛的是誰 這一念是從何處起的. 當知這一念不是從我口中起的 也不是從我肉身起的. 若是從我身或口起的 我若死了 我的身口猶在 何以不能念了呢.

위산(潙山) 스님[44]은 "만약 어떤 사람이 능히 이 법을 수행하여 삼생(三生)[45]을 물러서지 않는다면 결단코 부처의 자리를 얻을 것이다"[46]라고 하였고, 또 영가(永嘉) 스님[47]은 "만약 망령된 말로 중생을 속인다면, 영원히 발설지옥[48]에 떨어져 진사겁(塵沙劫)의 오랜 세월을 보내게 될 것이다"[49]라고 했다.

---

44) 중국 선종(禪宗) 5가(五家)의 하나인 위앙종의 개조. 이름은 영우(靈祐). 시호는 대원선사(大圓禪師). 푸저우[福州]에서 출생하여 후난성[湖南省] 영향현(寧鄕縣)에 있는 위산에서 7년 동안 법을 닦아 위산이라는 법호를 얻었다. 15세 때 출가하여 한산(寒山)·습득(拾得)과 만났으며, 백장 회해(百丈懷海)의 법을 이었다. 걷는 모습이 불법(佛法)에 들어맞았다 하여 그의 스승 백장이 위산에 있도록 하였다는 이야기는 유명하다. 위산은 인적이 드문 깊은 산속이었으나 그의 덕을 흠모하여 많은 수행승(修行僧)이 찾아와 선풍(禪風)을 크게 떨쳤다. 「위산영우어록(潙山靈祐語錄)」「위산경책(潙山警策)」「경덕전등록(景德傳燈錄)」「송고승전(宋高僧傳)」 등에 그의 전기(傳記)와 행장(行狀)이 기록되어 있다.

45) 전생, 현생, 미래생.

46) 「위산경책(潙山警策)」에 있는 말씀.

47) 중국 당나라 때의 승려 영가현각(永嘉玄覺, 665~713). 천태(天台)를 공부하였으며, 남종선의 시조인 6조 혜능(慧能)에게서 선요(禪要)를 듣고 대오. 그 심경을 담은 「증도가」를 지었다.

48) 말로 죄를 지은 자의 혀를 뽑아 그 위에 쟁기질을 하고 밭을 간다는 지옥.

49) 영가(永嘉) 스님의 「증도가(證道歌)」 중에 나온다.

무심(無心)이란 이른바 모든 것을 놓아버리고 마치 죽은 사람과 같이 지내는 것을 말한다. 종일토록 대중을 따라 움직이지만, 다시는 하나의 분별이나 집착도 일으키지 아니하여 마침내 무심도인(無心道人)[50]을 이루는 것이다.

처음 발심한 사람(初發心人)이 이 세 가지 마음을 갖추고 참선하며 화두를 본다면, "염불하는 이가 누구인가"를 살피도록 하라. 자기 마음속으로 "아미타불(阿彌陀佛)"하고 부르는 소리를 몇 번 생각하고, 염불하는 이는 누구이며 이 한 생각은 어디에서 일어나는가를 보라. 마땅히 알라, 이 한 생각은 나의 입으로부터 나온 것이 아니며 또한 나의 육신(肉身)으로부터 나온 것도 아니다. 한 생각이 나의 몸과 입으로부터 나왔다면, 내가 죽은 후에도 내 몸과 입은 오히려 존재하는데 어찌 생각을 하지 못하는가 말이다.

---

50) 온갖 물욕(物慾)과 번뇌(煩惱)를 여읜 수행(修行)이 높은 사람.

當知. 此一念是從我心起的. 卽從心念起處 一覰覰定 驀直看去 如猫捕鼠 全副精神集中于此 沒有二念. 但要緩急適度 不可操之太急 發生病障. 行住坐臥 都是如此 日久功深 瓜熟蔕落 因緣時至 觸著忽撞著 忽然大悟. 此時如人飮水冷煖自知 直至無疑之地 如十字假頭見親爺 得大安樂.

마땅히 알라. 이 한 생각은 나의 마음으로부터 일어났다. 곧 마음으로부터 생각이 일어난 곳을 찾아 그 자리를 결정하고, 똑바로 살피기를 마치 고양이가 쥐를 노리듯 온 정신을 여기에 집중하면 다른 생각이 없어질 것이다.

다만 느리거나 급하게 하지 말고, 그 정도를 적당히 하여 너무 조급하게 행하지 말라. 급하게 서두르다 보면 병(病)과 장애(障碍)가 생기게 된다. 행주좌와에 모두 이와 같이 하여 세월이 가고 공부가 깊어지면, 참외가 익어 꼭지가 떨어지듯 인연시절이 도래하고, 그 때 닿거나 부딪치거나 하여 홀연히 크게 깨닫게 될 것이다.

이때는 마치 사람이 물을 마셔보고 그 차고 뜨거움을 스스로 느끼는 것처럼, 바로 의심할 것 없는 경지에 이르러 네거리에서 아버지를 만나는 것과 같으니 큰 편안함과 즐거움[大安樂]을 얻는 것이다.

老參的難易如何呢. 所謂老參 是指親近過善知識 用功多年 經過了一番煅練 信心純熟. 理路淸楚 自在用功 不感辛苦. 老參上座的難處 就是在此 自在明白當中停住了, 中止化城 不到寶所. 能靜不能動 不能得眞實受用. 甚至觸境生情 取捨如故 欣厭宛然 粗細妄想 依然牢固. 所用功夫 如冷水泡石頭 不起作用. 久之也就疲懈下去 終于不能得果起用. 老參上座 知道了這箇困難 立卽提起本參話頭 抖擻精神 于百尺竿頭 再行邁進 直到高高峯頂立 深深海底行 撒手縱橫去 與佛祖覿體相見 困難安在 不亦易乎.

구참자(久參者)의 어렵고 쉬움이란 어떤 것인가. 이른바 구참자는 선지식(善知識)을 가까이 모셔도 봤고, 공부한지 여러 해라 한 번 단련되었으므로 몸과 마음이 순숙해졌다. 공부의 길이 분명해지고 공부하는 것이 자연스러워져서 고통을 느끼지 않는다.

구참 상좌(上座)의 어려움이란 자연스럽고 명백하므로 그 가운데 정지하여 머무는 것이다. 화성(化城)[51]에서 멈추니 보배가 있는 곳에 이르지 못한다. 또 그저 고요하기만 하고 움직일 줄 모르니 능히 진실한 수용(受用)[52]을 얻을 수 없다. 심지어는 경계(境界)를 만나면 곧 감정을 내어 취하거나 버리기 때문에 좋아하고 싫어함이 완연하다. 크고 작은 망령된 생각이 자연스럽게 굳어져 하고 있는 참선공부가 찬물에 담가둔 돌[冷水泡石頭][53]처럼

---

51) 법화 7유의 하나인 화성의 비유(化城喩)에 나오는 성(城). 여러 사람이 보배 있는 곳을 찾아가다가 그 길이 험악하여 사람들이 피로해 하므로, 그때에 길잡이하던 사람이 꾀를 내어 신통력으로 임시로 큰 성을 나타내서 여기가 보배 있는 곳이라 하니, 여러 사람은 대단히 기뻐하여 이 변화하여 만든 성[化城]에서 쉬었다. 길잡이는 여러 사람의 피로가 회복된 것을 보고는 화성을 없애버리고, 다시 참으로 보배 있는 곳에 이르게 하였다 한다. 화성은 방편교의 깨달음에, 보배 있는 곳은 진실교의 깨달음에 비유한 것으로 『법화경』 제3권 '화성유품(化城喩品)'에 나온다.

52) 공덕이나 수행의 결과를 받아들여 누리고 쓰는 일.

53) 물 속에 담가둔 돌은 아무리 오랜 시간이 지나도 그냥 돌일 뿐 달라지는 것이 없다.

작용을 일으키지 못한다. 이런 식으로 오래가면 피로하고 게을러지며 마침내는 아무런 결과도 얻지 못한다.

구참 상좌들이 이런 곤란을 알았으면 곧 본래 참구하는 화두를 들어, 정신을 차리고 용기를 내어 백척이나 되는 장대 위[百尺竿頭]에서 다시 앞으로 나아가야 한다. 그리하면 곧 높고 높은 봉우리에 우뚝 서고, 또한 깊고 깊은 바다 밑을 다니며[54], 손을 놓고 마음대로 하게 되고, 불조와 마주 보게 될 것이다. 어려움이 어디 있으며, 또한 공부가 쉽지 않겠는가.

話頭卽是一心. 你我此一念心 不在中間內外 亦在中間內外 如虛空的不動而徧一切處. 所以話頭不要向上提 也不要向下壓. 提上則引起掉擧 厭下則落于昏沈違本心性 皆非中道. 大家怕妄想 以降伏妄想爲極難. 我告訴諸位 不要怕妄想亦不要費力去降伏他. 你只要認得妄想 不執著

---

54) 高高峯頂立 深深海底行. 약산유엄(藥山惟嚴) 선사가 재상 이고와의 문답에서 한 말. 수행자의 기상을 나타내는 구절로 널리 회자된다.

他 不隨逐他 也不要排遣他. 只不相續 則妄想自離. 所謂 "妄起即覺 覺妄即離".

  화두란 곧 한마음(一心)이다. 그대와 나의 이 한 생각 마음은 중간이나 안팎에 있지 않으면서, 또한 중간이나 안팎에 있다. 허공(虛空)과 같이 움직이지 않으면서 모든 곳에 두루한다. 그러므로 화두를 들 때 위로 끌어 올리려고도 하지 말고 또 밑으로 끌어내리려고도 하지 말라.[55] 위로 끌어 올리면 시끄러움과 어지러움이 일어나고 아래로 끌어 내리면 혼침(昏沈)[56]에 떨어지니 본래의 심성을 어기게 되므로 모두 중도(中道)[57]가 아니다.

  여러분은 망상(妄想)을 두려워하여 망상 항복(降伏)받는 것을 가장 어렵게 여긴다. 내가 여러분에게 일러 말하노니, 망상을 두려워할 이유가 없고, 또한 망상을

---

55) 위로 끌어올린다함은 머릿속에서 집중하는 것.

56) 정신이 나가 까부러지는 현상.

57) 어느 한 쪽으로 치우치지 않는 바른 도리를 뜻한다. 이것은 불교의 근본입장으로 대승 소승에 걸쳐 매우 중시되고 있는 부처님의 사상이다. 종파에 따라 『아함경』에서는 팔정도의 실천이나 십이연기의 정관을 따르는 것을 말하고, 「중관론(中觀論)」에서는 집착과 분별의 경지를 떠난 무소득의 경지를 말한다.

제1장 참선의 선결(先決)조건

항복받기 위해 노력할 필요도 없다. 다만 망상 피우는 줄 알아차리기만 하면 된다. 망상에 집착하지도 말고, 따라가지도 말고, 없애려고 하지도 말라. 오직 망상이 이어지지만 않게 하면 망상은 저절로 떠난다. 이른바 "망상(妄想)이 일어나면 즉시 알아차려라. 망상인 줄 알면 망상은 곧 떠난다[妄起卽覺 覺妄卽離]"[58]는 말이 그것이다.

若能利用妄想做工夫 看此妄想從何處起. 妄想無性 當體立空 卽復我本無的心性 自性淸淨法身佛 卽此現前. 究實言之 眞亡一體 生佛不二 生死涅槃 菩提煩惱 都是本心本性. 不必分別 不必欣厭 不必取捨 此心淸淨 本來卽佛 不需一法 那裏有許多羅索 - 參.

만약 능히 망상을 이용하여 공부할 수 있으면, 이 망상이 어디를 좇아 일어나는가를 살펴라. 그러면 망상은

---

58) 종색(慈覺宗賾) 스님의 「좌선의(坐禪儀)」에 있는 말씀.

자성(自性)[59]이 없어 당체(當體)가 공하므로, 곧 본래부터 내가 없는 심성(心性)인 자성청정법신불(自性淸淨法身佛)이 눈앞에 드러난다. 진실을 말하자면, 진여(眞如)[60]와 망상이 일체(一體)이고, 중생과 부처가 둘이 아니며, 생사와 열반, 보리와 번뇌가 본래 마음이며 본래성품(本來性品)이다. 분별(分別)이 필요하지 않으며, 좋아하고 싫어하거나 취하고 버릴 필요도없다. 이 마음은 청정하여 본래 부처이니 한 법도 필요하지 않다. 이속에 복잡하게 설명할 것이 뭐가 있겠는가. 참(參)!

---

59) 만유 제법의 체성 또는 체상을 말함이니, 차별 또는 공상(共相)에 상대하여 쓰는 말. 자기의 본성은 청정한 진여이므로 자성청정심(自性淸淨心)이라 함.
60) 중생심의 근원이 되는 참되고 한결같은 마음을 뜻함.

제2장

선당(禪堂)의 가르침

이끄는 말(引言)

諸位常時來請開示 令我很覺感愧. 諸位天天辛辛苦苦 砍柴鋤地 挑土搬磚 一天忙到晚. 也沒打失辦道的念頭 那種爲道的殷重心 實在令人感動. 虛雲慚愧無道無德 說不上所謂開示 只是拾古人幾句涎唾 來酬諸位之問而已.

여러 사람들이 찾아와서 항상 가르침을 청하여 나로 하여금 부끄럽게 한다. 여러분들은 날마다 열심히 나무 하고 씨 뿌리고 흙을 돋우고 벽돌을 나르며 하루 종일 바쁘게 지내다가 저녁을 맞는다. 그러면서도 도(道)를 이루겠다는 염원을 잃지 않으니, 도를 위하는 지극한 마음이 정말로 사람을 감동시킨다. 허운은 부끄럽게도 도(道)도 없고 덕(德)도 없어 소위 법문을 설한다고 할 수가 없다. 다만 옛 사람들의 말씀 몇 구절을 가지고 여러분들의 질문에 대답할 뿐이다.

참선수행의 입문방법

用功辦道的方法很多 現在且約畧說說.

공부하여 도를 이루는 방법(方法)은 많다. 그러나 여기서는 이를 요약해서 말하고자 한다.

1. 도(道)를 이루는 선결조건

1) 깊이 인과를 믿으라

無論甚麼人 尤其想用功辦道的人 先要深信因果. 若不信因果 妄作胡爲 不要說辦道不成功 三途少他不了. 古德云 "欲知前世因 今生受者是 欲知來世界 今生作者是". 又說 "假使百千劫 所造業不亡 因緣會遇時 果報還自受". 楞嚴經說 "因地不眞 果招紆曲". 故種善因結善果 種惡因結惡果 種瓜得瓜 種豆得豆 乃必然的道理. 談到因果 我說兩件故事來證明.

누구라도 그래야 하지만 특히 수행하여 도를 이루려는 사람은 우선, 깊이 인과를 믿어야 한다[深信因果]. 만약 인과를 믿지 않고 망령되이 행한다면, 도를 이루지 못할 것은 말할 필요도 없거니와, 삼악도(三惡途)⁶¹에 떨어지는 일도 적지 않을 것이다.

옛 스님이 이르기를,

"전생의 원인을 알고자 하면 금생에 받고 있는 일이 곧 그것이며, 내세의 결과를 알고자하면 금생에 짓는 일이 곧 그것이다"⁶²라고 하였다.

또 설하기를,

"설사 백천 겁이라도 지은 바 업은 없어지지 않아서 원인과 반연이 만날 때 과보를 도리어 받게 된다"⁶³고 하였다.

능엄경⁶⁴에서 이르기를,

---

61) 악인이 죽어서 가는 세 가지의 괴로운 세계. 지옥도, 축생도, 아귀도.

62) 욕지 전생사(欲知 前生事) 금생수자시(今生 受者是) 욕지내생사(欲知 來生事) 금생작자시(今生 作者是). 『법화경』에 있는 말씀이다.

63) 인과응보(因果應報). 인(因)은 원인 되는 것이며 연(緣)은 반연 할 조건이 되며 반연(攀緣)이란 인이 연에 끌려 엉켜 그 果를 만드는 것을 말한다. 자신이 지은 업은 수많은 세월이 흐른다고 해도 결코 없앨 수 없고 반드시 연을 만나면 과보를 받게 된다는 말.

64) 마음을 다스림으로써 보리심을 얻게 되고 진정한 경지를 체득한다고 설법한 경전으로 모두 10권으로 구성되어 있다. 석가모니의

"인지(因地)가 진실하지 못하면, 결과도 바르지 못함을 가져 온다"고 했다.

그러므로 좋은 원인을 심으면 좋은 결과를 맺게 되고 악한 원인을 심으면 악한 결과를 맺게 되며, 오이(瓜)를 심으면 오이를 얻고, 콩(豆)을 심으면 콩을 얻는 것은 필연적 도리이다.

말이 인과(因果)에 이르렀으니, 두 가지 고사(故事)를 들어 증명해 보겠다.

(1) 유리왕이 석가족을 죽인 옛 이야기

釋迦佛前 迦毗羅閱城裏有一箇捕魚村. 村裏有箇大池 那時天旱水涸. 池裏的魚類盡給村人取喫. 最後剩下一尾 最大的魚 也被烹殺. 祇有一箇小孩 從來沒有喫魚肉 僅那天敲了大魚頭三下來玩耍. 後來釋迦佛住世的時候 波斯匿王很相信佛法 娶釋種女生下一箇太子 叫作琉璃.

제자인 아난다(阿難陀)가 마등가 여인의 주술에 의해 마귀도에 떨어지려는 것을 석가모니의 신통력으로 구해낸다. 그리고 선정(禪定)의 힘과 다라니의 공덕으로 모든 마귀장(魔鬼障)을 물리치고 선정에 전념하여 여래의 진실한 경지를 얻어 생사의 고뇌에서 벗어나는 것이 최후의 목적임을 밝혔다. 이 경은 밀교사상(密敎思想)이 들어 있지만 선정이 역설되고 있기 때문에 중국의 선가에서 환영을 받아 주석은 모두 선문의 비구들에 의해 이루어졌다.

琉璃幼時 在釋種住的迦毗羅閱城讀書 一天爲因戲坐佛的座位 被人罵他 把他抛下來 懷恨在心. 及至他作國王 便率大兵攻打迦毗羅閱城 把城裏居民盡數殺戮. 當時佛頭痛了三天. 諸大弟子都請佛設法解求他們 佛設定業難轉. 目犍連尊者 以神通力用鉢攝藏釋迦親族五百人在空中 滿以爲把他們救出 那知放下來時 已盡變爲血水.

석가모니 부처님이 태어나시기 전 카필라성[65] 안에는 한 어촌이 있었다. 그 어촌에는 큰 연못이 있었는데 한때 큰 가뭄으로 인해 못물이 모두 말랐다. 연못 속의 고기들은 그 마을사람들에게 모두 잡아 먹혔다. 마지막으로 연못의 바닥을 긁으니 가장 큰 고기가 나왔고 이 고기 또한 삶겨 죽게될 형편이었다. 그 때 과거부터 고기를 먹지 않던 어떤 소년이 큰 고기의 머리를 세 번 때리면서 희롱했다.

후에 석가모니 부처님이 계실 때 파사익 왕(波斯匿王)[66]은 부처님의 가르침을 믿었으며 석가족의 아내를

---

65) 싯타르타 태자가 유년기를 보내고 출가 전까지 지냈던 성.
66) 석가모니 재세시 북인도 코살라왕국의 왕. 기원정사(祇園精舍)를 지을 땅을 보시한 기타 태자와 부처의 수기를 받은 승만 부인의 부친.

얻어 한 태자를 낳았고 이름을 유리(琉璃)라 했다. 유리 태자는 어렸을 때, 석가족(釋迦族)이 살고 있는 카필라성에서 자라고 공부했다. 하루는 부처님의 법상(法床)에 올라가 놀다가 사람들의 꾸지람을 들었다. 그리고 그들에 의해서 끌려 내려왔으나 마음에 분노가 맺혔다.

후에 유리는 국왕이 되어서 대병을 거느리고 카필라성을 공격하여 그 성에 있는 많은 백성들을 모두 죽였다. 그 때 부처님께서는 3일간 두통(頭痛)이 일어났다. 모든 제자들은 부처님께 법을 베풀어 저들을 구제하기를 청하였으나 부처님은 한 번 결정된 업은 돌이키기 어렵다[定業難轉][67]고 말씀하셨다.

목건련(目犍連) 존자가 신통력(神通力)으로 석가족 5백인을 발우에 넣어 공중에 있게 하여 그들을 구출하고자 했다. 그러나 발우를 내려놓으니 모두가 이미 핏물로 변해 있었다.

---

67) 혹은 정업난면(定業難免). 부처님께서도 자신이 지은 과거의 업보는 인과응보에 따라 면하기 어렵다는 말씀.

諸大弟子請問佛. 佛便將過去村民喫魚類那段公案說出. 那時大魚就是現在的琉璃王前信. 他率領的軍隊 就是當日池裏的魚類. 現在被殺的羅閱城居民 就是當日喫魚的人. 佛本身就是當日的小孩 因爲敲了魚頭三下 所以現在要遭頭痛三天之報. 定業難逃 所以釋族五百人雖被目連尊者救出 也難逃性命. 後來琉璃王生墮地獄. 怨怨相報 沒有了期 因果實在可怕.

모든 제자들이 부처님께 여쭈어 답을 청했다. 부처님께서는 과거세(過去世)에 촌민(村民)들이 물고기를 먹던 일을 들어 이렇게 말씀하셨다.

그 때의 큰 물고기는 현재의 유리왕의 전신(前身)이며, 그가 거느린 군대는 그 때의 많은 물고기이며, 현재에 피살된 카필라성의 주민들은 그 때 고기를 먹던 사람들이며, 부처님은 그 때의 소년으로 고기의 머리를 세 번 때린 원인(原因)으로 인해 3일간 두통이 일어나는 과보를 받았다. 이렇게 결정된 업은 피하기 어려워서 석가족 오백 사람들은 비록 목련존자가 구출하였으나 결국 생명을 잃고 말았다. 나중에 유리왕은 산채로 지옥에 떨어졌다.

원한(怨恨)과 원한[68]은 서로 갚는 것이므로 그칠 날이 없으며 원인과 결과는 진실로 있는 것이니 가히 두려워해야 할 것이다.

(2)백장(百丈) 스님이 여우를 제도한 옛 이야기

百丈老人有一天上堂 下座後 各人都已散去 獨有一位老人沒有跑. 百丈問他作甚麽. 他說 "我不是人 實是野狐精 前生本是這裏的堂頭因有箇學人問我 '大修行人還落因果否' 我說 '不落因果'. 便因此墮落 作了五百年野狐精 沒法脫身 請和尙慈悲開示". 百丈說 "你來問我" 那老人便道 "請問和尙 大修行人還落因果否". 百丈答道 "不昧因果" 那老人言下大悟. 卽禮謝道 "今承和尙代語 令我超脫狐身 我在後山巖下 祈和尙以亡僧禮送". 第二天百丈在後山石巖 以杖撥出一頭死狐 便用亡僧禮將他火葬.

---

68) 부처님은 이 경전을 통해 살아 있는 생명을 해치는 자는 살아 있는 생명을 해침으로써 현생에도 원한과 두려움을 불러일으키고, 내생에도 원한과 두려움을 불러일으키며, 마음속에 괴로움과 슬픔을 경험한다고 설법하셨다.

백장(百丈) 스님[69]이 하루는 법상에 올라 법을 설하셨다. 법상에서 내려 온 후 모든 사람이 다 돌아갔는데 오직 한 노인(老人)만이 돌아가지 않았다.

백장 스님이 묻기를,

"그대는 무엇을 하는가?"

"저는 사람이 아니고 실은 여우 귀신[野狐精]이며, 전생에는 본시 이곳의 주지[堂頭]였습니다. 어느 날 어떤 학인이 나에게 말하기를 '크게 수행한 사람도 도리어 인과에 떨어집니까? 떨어지지 않습니까?' 라고 물어서 저는 '인과에 떨어지지 않는다[不落因果]'고 답했습니다. 곧 이 대답으로 인해 타락하여 오백년 동안 여우의 몸을 받아 벗어날 길이 없습니다. 청컨대 스님께서 자비심으로 가르쳐주십시오."

백장 스님이 말했다.

"그대가 나에게 물어 보라"

노인이 곧 물었다.

---

69) 백장 선사(百丈懷海, 749-814). 마조(馬祖)의 법제자이며, 법명은 회해(懷海), 복주 사람으로 속성은 왕(王) 씨이다. 홍주 신오현 대웅산(洪州 新吳縣 大雄山)에 살았는데, 그곳이 바위로 둘러싸여 몹시 험하므로 '백장(百丈)'이라 불렀다. 삼학(三學)에 능했으며 이후 선종에서 지켜야 할 규칙인 「청규」를 지었다.

"스님께 묻겠습니다. 크게 수행한 사람도 도리어 인과에 떨어집니까? 떨어지지 않습니까?"

백장 스님이 답하였다.

"인과에 어둡지 않다[不昧因果]."

노인은 이 한마디 말씀에 크게 깨달아 곧 절하고 이르기를,

"이제 스님의 말씀 덕분에 제가 여우 몸을 벗어 뒷산 바위 아래 있으니 바라옵건대 스님께서는 승려의 법도에 따라 장례(葬禮)를 치뤄 주십시오"

그 이튿날에 백장 스님은 뒷산 바위 아래를 지팡이로 파서 한 마리 죽은 여우를 끌어내어 죽은 승려의 장례법으로 그를 화장했다.

我們廳了這兩段故事 便確知因果可畏. 雖成佛也難免頭痛之報. 報應絲毫不爽 定業實在難逃. 我們宜時加警惕 愼勿造因.

우리는 이 두 가지 고사를 듣고 인과가 가히 두려움을 확실히 알았으며, 부처가 된다 하더라도 두통의 과

보(果報)를 면할 수 없음을 알았다. 과보의 상응(相應)함은 털끝만큼도 어긋나지 않고 한 번 결정된 업은 정말로 피할 수 없다. 우리들은 그 때 그 때마다 두려워하고 삼가 절대로 원인을 만들지 않도록 조심해야 한다.

2) 엄격히 계율(戒律)을 지켜라

用功辦道首要持戒. 戒是無上菩提之本 因戒才可以生定 因定才可以發慧. 若不持戒而修行 無有是處.

수행하여 도를 이루기 위해서는 무엇보다 계율을 지켜야 한다. 계율은 곧 '위없는 깨달음[無上菩提]'[70]의 근본(根本)이며 계로 인해서 가히 정(定)이 생기고 정으로 인해 가히 혜(慧)가 나타난다.[71] 만약 계를 지키지 않고 수행을 한다면 그것은 있을 수 없는 일이다.

---

70) 무상정등각(無上正等覺)을 말하는 것으로 상하가 없는 깨달음을 이르는 말. 무상(無上)이란 평지, 굴곡이 없는 것을 나타내는 말로 높낮이가 없어서 아래(下)나 위(上)가 없이 평등함을 뜻함.
71) 계정혜 삼학(三學) : 불도(佛道)를 수행하는 자(者)가 반드시 닦아야 할 세 가지 근본 수행. 삼증상학(三增上學)·삼승학(三勝學)이라고도 한다. 즉 계학(戒學)·정학(定學)·혜학(慧學)이다.

楞嚴經四種淸淨明誨 告訴我們 不持戒而修三昧者 塵不可出. 縱有多智禪定現前 亦落邪魔外道. 可知道持戒的重要. 持戒的人 龍天擁護 魔外敬畏. 破戒的人 鬼言大賊 掃其足迹.

능엄경에서 네 가지 청정(淸淨)[72]을 명백히 밝히고 우리들에게 가르쳤으나 계를 지키지 않고 삼매(三昧)[73]를 닦는다고 하더라도 번뇌를 벗어 날 수는 없다. 비록 많은 지혜와 선정이 앞에 나타나더라도 역시 사마(邪魔)[74]와 외도(外道)에 떨어질 것이니 계를 지키는 것의 중요성을 알아라.

계를 지키는 사람은 하늘과 용이 옹호하고 사마와 외도들이 공경하고 두려워하며 계를 깨뜨린 사람은 귀신

---

72) 보살의 도를 구하기 위해 지켜야 할 네 가지 계율. 즉 살생, 거짓말, 도둑질, 큰 거짓말(大妄語)을 하지 말라는 가르침.

73) 불교 수행의 한 방법. 마음을 하나의 대상에 집중하는 정신력. 삼마지(三摩地)·삼마제(三摩提)·삼매지(三昧地) 등과 같이 산스크리트어 사마디의 음역.

74) 간사한 마귀.

(鬼神)들이 도적이라 말하며, 그의 발자취를 쓸어버린다.

從前在罽賓國近著僧伽藍的地 有條毒龍時常出來爲害地方 有五百位阿羅漢聚在一起 用禪定力去驅逐他 總沒法把他趕跑. 後來另有一位僧人 也不入禪定 僅對那毒龍說了一句話 "賢善遠此處去" 那毒龍便遠跑了. 衆羅漢問那僧人 甚麽神通把毒龍趕跑. 他說 "我不以禪定力 直以謹愼於戒 守護經戒 猶如重禁". 我們想想 五百位羅漢的禪定力 也不及一位嚴守禁戒的僧人.

옛날 계빈국[75]에 절터가 있었는데 독룡(毒龍)이 때때로 나타나 그 지방을 해치므로 오백의 아라한(阿羅漢)[76]이 함께 모여 선정(禪定)의 힘으로 독룡을 쫓고자 했으나 쫓지 못하였다.

한 스님이 후에 찾아와서 선정에는 들지도 않고 독

---

75) 카불(Kabul) 동쪽에 있던 고대 국가.
76) 석가모니(釋迦牟尼) 부처님이 남긴 교리(敎理)를 결집(結集)하기 위(爲)하여 모였던 500명(名)의 아라한(阿羅漢).

룡을 향해서 "어질고 착한 이여, 여기서 멀리 떠나주시오"라고 한마디 하니 독룡이 멀리 떠났다. 이 때 여러 나한들이 이 스님에게 "무슨 신통으로 독룡을 쫓았습니까?" 하고 물었다.

그 스님은 "나는 선정의 힘을 쓰지 않았습니다. 계행(戒行)을 바르게 지켜 삼가 조심하고, 가벼운 계율도 수호하기를 오히려 무거운 계율처럼 지킵니다"라고 했다. 우리 한번 생각해 봅시다. 오백 아라한의 선정이 계율을 엄수(嚴守)한 한 사람의 스님에 미치지 못했다는 것을.

或云 六祖說 "心平何勞持戒 行直何用參禪" 我請問你的心已平直沒有. 有箇月裏嫦娥 赤身露體抱著你 你能不動心嗎. 有人無理辱罵痛打你 你能不生瞋恨心嗎. 你能够不分別怨親憎愛 人我是非嗎. 統統作得到 才好開大口 否則不要說空話.

혹 어떤 사람은, 육조 스님[77]께서 "마음이 평등(平等)하면 어찌 계율 지키는 일이 어려우며 행동(行動)이 곧으면 어찌 참선이 필요하리요"[78]라고 말씀하셨다고 한다.

내 그대에게 묻노니 그대의 마음이 이미 평등하고 곧은가? 만약 월궁(月宮)의 항아처럼 아름다운 여인이 알몸으로 그대를 껴안는다면 그대의 마음이 움직이지 않을 수 있겠는가? 어떤 사람이 이유 없이 그대를 욕하고 때린다면 그대는 성내고 원망하는 마음을 일으키지 않을 수 있겠는가? 그대는 원수와 친구, 미움과 사랑, 나와 남, 옳고 그름을 분별하지 아니하는가? 전적으로 그럴 수가 있다면 큰소리를 쳐도 되겠지만, 그렇지 못하다면 헛된 말을 입에 올리지 말라.

---

77) 육조혜능(六祖慧能, 638-713) : 달마이후 중국 선종(禪宗) 제 6조로서 광동성(廣東省) 신주(新州) 출신. 성(姓)은 노(盧). 흔히 육조대사(六祖大師)·조계대사(曹溪大師)라 불린다. 어려서 아버지를 잃고 어머니와 함께 땔나무를 팔아 생계를 꾸려가다가 어느 날 금강경(金剛經) 읽는 소리를 듣고 느낀 바 있어 오조홍인(五祖弘忍, 601-674)을 찾아가 득도함.
78) 『육조단경』 '석공덕정토(釋功德淨土)' 장(章)에 있는 게송.

3) 믿음을 굳게 가지라

想用功辦道 先要一箇堅固信心. 信爲道元功德母. 無論作甚麼事 沒有信心 是作不好的. 我們要了生脫死 尤其要一箇堅固信心.

수행하여 도를 이루고 싶다면 먼저 신심을 굳게 해야 한다. '믿음은 도(道)의 근원이며 공덕(功德)의 어머니[信爲道元功德母]'[79]다. 어떤 일도 신심이 없으면 잘 할 수 없는 것이 당연하다. 우리들이 생사를 해탈(解脫)하려하면 더욱 이 신심을 굳게 해야 한다.

佛說 大地衆生皆有如來智慧德相 只因妄想執著 不能證得. 又說了種種法門 來對治衆生的心病. 我們就當信佛語不虛 信衆生皆可成佛. 但我們爲 甚麼不成佛呢. 皆因未有如法下死功夫呀.

---

79) 『화엄경』'현수품(賢首品)'에 있는 말.

부처님께서는 "모든 중생이 다 여래의 지혜와 덕상을 가지고 있지만 다만 망령된 생각과 집착으로 말미암아 능히 깨달음을 증득하지 못한다"고 하셨고, 또 갖가지 법문을 설하셔서 중생의 마음병을 대치(對治)[80]하셨다.

우리들은 마땅히 부처님의 말씀이 헛되지 않다고 믿고, 모든 중생이 다 부처가 될 수 있다고 믿어야만 한다.

그렇다면 우리들은 어째서 성불(成佛)하지 못했는가. 모두가 여법(如法)하게 죽을 힘을 다해 공부한 적이 없기 때문이다.

譬如我們信知 黃豆可造豆腐 你不去造他 黃豆不會自己變成豆腐 即使造了 石膏放不如法 豆腐也會造不成. 若能如法磨煮去渣 放適量的石膏 決定可成豆腐. 辦道亦復如是 不用功固然 不可以成佛 用功不如法 佛也是不能成. 若能如法修行 不退不悔 決定可以成佛. 故我們應當深信自己本來是佛 更應深信依法修行決定成佛.

---

80) 병마다 그 특성에 맞춰 치유하는 일.

비유하면 콩으로 두부를 만들지만, 만약 그대가 만들지 않는다면 콩 스스로가 두부로 변할 수는 없다. 설사 두부를 만든다고 해도 간수를 여법하게 넣지 않으면 역시 두부는 만들어지지 않는다. 만약 여법하게 갈고, 끓이고, 걸러서 적당하게 간수를 치면 반드시 두부가 된다.

도를 이루는 것도 또한 이와 같아서 노력(努力)하지 않으면 부처가 될 수가 없으며, (노력하더라도) 여법하게 노력하지 않으면 역시 부처가 될 수 없다.

만약 여법하게 수행하여 물러나지도 않고 잘못하지도 않으면 결국에는 성불할 수 있다. 그러므로 우리들은 '자신이 본래 부처임'[81]을 깊이 믿어야 하고, 여법하게 수행하면 반드시 성불한다는 것을 깊이 믿어야만 한다.

永嘉禪師說 "證實相 無人法 刹那滅却阿鼻業 若將妄語誑衆生 自招拔舌塵沙劫" 他老人家慈悲 要堅定後人的

---

81) 『묘법연화경(妙法蓮華經)』은 본래 자신이 부처임을 설한 최고의 경전으로 알려져 있다. 스스로 위대한 부처라는 것을 아는 사람은 부처이고 자기가 부처라는 사실을 모르는 사람은 중생일 수 있다.

信心 故發如此弘誓.

영가스님이 "실상(實相)을 증득하면 사람이니 진리니 하는 것이 없어지고, 찰나에 아비지옥(阿鼻地獄)[82]의 업도 사라진다. 만약 내가 거짓말로 중생을 속였다면 스스로 발설지옥에 불려가서 항하의 모래알 같이 많은 겁(塵沙劫) 동안을 지내게 될 것이다"라고 했으니 이 노스님은 자비심에서 뒷사람의 신심을 굳게 다져주기 위해 이같이 큰 서원을 발한 것이다.

4) 수행의 길을 결정하라

信心旣具 便要擇定一箇法門來修持 切不可朝秦暮楚. 不論念佛也好 持呪也好 參禪也好 總要認定一門 驀直幹去 永不退悔. 今天不成功 明天一樣幹. 今年不成功 明年一樣幹. 今世不成功 來世一樣幹. 潙山老人所謂 "生生若能不退 佛階決定可期"

---

82) 아비지옥(阿鼻地獄) : 팔열지옥(八熱地獄)의 하나. 아비는 '고통의 간격이 없다'는 뜻으로 무간지옥(無間地獄)이라고도 함. 아버지를 죽인 자, 어머니를 죽인 자, 아라한을 죽인 자, 승가의 화합을 깨뜨린 자, 부처의 몸에 피를 나게 한 자 등, 지극히 무거운 죄를 지은 자가 죽어서 가게 된다는 지옥.

믿는 마음이 이미 갖추어졌으면, 한 가지 법문(法門)을 결정해서 수행해야지 아침저녁으로 변해서는 안 된다. 말할 필요도 없이 염불도 좋고 주문(呪文)을 하는 것도 좋고, 참선도 좋다. 하나의 문을 결정해서 바로 달려 나아가 끝내 물러나거나 후회하지 말 것이다.

오늘 도(道)를 이루지 못하면 내일도 똑같이 밀고 나가고, 금년에 도를 이루지 못하면 내년에도 똑같이 공부해 나아가며, 금생(今生)에 도를 이루지 못하면 내생(來生)에도 똑같이 밀고 나가라. 위산 스님이 "세세생생에 물러나지 않을 수 있으면 틀림없이 부처의 자리에 오르게 될 것이다"라고 말씀한 뜻이 그것이다.

有等人打不定主意 今天廳那位善知識說念佛好 又念兩天佛 明天廳某位善知識說參禪好 又參兩天禪 東弄弄西弄弄 一生弄到死 總弄不出半點 '名堂' 豈不冤哉枉也.

어떤 사람들은 수행의 한 방향(方向)을 결정하지 못하고 하루는 어떤 선지식으로부터 염불하는 법을 듣고는 좋아하여 한 이틀 염불을 따라하다가, 또 다른 날은 다른 선지식에게 참선하는 법을 듣고는 좋아하면서 한 이틀 참선을 따라한다.

이렇게 동쪽으로 쏠렸다가 서쪽으로 쏠렸다가 하며 일생을 방황하다가 비로소 죽음에 이르게 되면, 모두가 허송세월뿐이요 아무 성과가 없으니 어찌 억울하지 않겠는가?

2. 참선방법

用功的法門雖多 諸佛祖師皆以參禪爲無上妙門. 楞嚴會上佛敕文殊菩薩揀選圓通 以觀音菩薩的耳根圓通爲最第一. 我們要反聞聞自性. 就是參禪 這裏是禪堂. 也應該講參禪 這一法.

공부의 법문(法門)[83]이 많지만, 모든 부처님과 조사들은 참선으로서 위없는 묘문(無上妙門)[84]을 삼으셨다. 능엄회상(楞嚴會上)에서 부처님은 문수보살에게 원통(圓

---

83) 법에 들어가는 문, 곧 수행 방법.
84) 열반의 경지에 들어가는 불가사의한 문.

通)을 선택하게 하시고, 관음보살의 이근원통(耳根圓通)[85]으로 으뜸을 삼으셨다. 우리는 들음을 돌이키어 자성을 들어야 한다. 이것이 참선이요 이 안에 선당(禪堂)이 있다. 그러면 이제부터 참선이란 이 한 법에 대해서 설명하기로 하겠다.

1) 좌선이란?

平常日用皆在道中行 那裏不是道場. 本用不著甚麽禪堂 也不是坐才是禪的. 所謂禪堂 所謂坐禪 不過爲我等末世障深慧淺的衆生而設.

우리가 평소에 하고 있는 모든 행위가 도(道)가운데서 이루어지고 있는 행위이니 어느 곳인들 도량이 아니겠는가? 본래 어떠한 선당도 소용되지 않나니, 앉아야 비로소 선이 되는 것도 아니다. 그러므로 선당이니 좌선이니 하는 것은 우리와 같이 장애 많고 지혜가 옅은 말세중생(末世衆生)을 위해서 베푼 것에 지나지 않는 것이다.

---

85) 소리, 청각에 집중하여 진리(眞理)를 체득(體得)하는 수행법.

坐禪要曉得善調養身心. 若不善調 小則害病 大則著魔 實在可惜. 禪堂的行香坐香 用意就在調身心. 此外調身心的方法還多 今擇要畧說.

좌선을 할 때에는 몸과 마음을 잘 조절하고 장양(長養)[86]해야 한다. 만약, 제대로 조절하지 못하면 적게는 병에 걸리게 되고 크게는 마(魔)가 붙게 된다. 참으로 안타까운 일이 아닐 수 없다. 선당에서 향을 들고 경행(經行)하는 것과 자리에 앉아 향을 피우는 것은 몸과 마음을 조절하려는 데에 그 뜻이 있다. 몸과 마음을 조절하는 방법은 이밖에도 많으나 중요한 것만을 가려서 간략히 설명하고자 한다.

跏趺坐時 宜順著自然正座. 不可將腰作意挺起 否則火氣上升 過後會眼屎多 口臭氣頂 不思飮食 甚或吐血. 又

---

86) 길러 양성함.

不要縮腰垂頭 否則容易昏沈. 如覺昏沈來時 睜大眼睛 挺一挺腰 輕畧移動臀部 昏沈自然消滅.

  가부좌(跏趺坐)를 할 때에는 의식적으로 허리를 꼿꼿이 세우지 말고 자연스럽고도 바르게 앉아야 한다. 그렇지 아니하게 되면 화기(火氣)[87]가 위로 올라가게 되므로 좌선이 끝난 다음에는 눈꼽이 많이 끼고 입이 텁텁해지며, 기운이 솟구치고 입맛이 없어지고 심할 경우에는 피를 토하기도 한다. 그렇다고 해서 허리를 구부리거나 머리를 수그릴 필요는 없다. 그렇게 하면 쉽게 혼침에 떨어지게 된다.
  만약에 혼침(昏沈)이 온다고 느껴질 때에는 눈동자를 부릅뜨고 기지개를 하고 나서 가볍게 엉덩이를 옮기면 혼침이 저절로 사라지게 될 것이다.

---

87) 가슴이 번거롭고 답답해지는 기운을 말함.

用功太過急迫 覺心中煩燥時 宜萬緣放下 功夫也放下來 休息約半寸香 漸會舒服 然後再提起用功. 否則日積月累 便會變成性燥易怒 甚或發狂著魔.

공부를 지나치게 급하게 다그쳐서 마음이 어지럽고 답답하게 느껴질 때는 모든 반연을 놓아버리고 심지어 공부까지도 놓아버려라. 향이 반 마디쯤 타도록 쉬면 서서히 편안해질 것이니, 그때 당시 공부를 들어라. 그렇지 아니하면 날과 달로 쌓이고 쌓여 마음이 조급해져서 쉽사리 화를 내는 성품으로 바뀌게 되고 심할 경우에는 발광(發狂)하거나 마(魔)가 붙게 된다.

坐禪 有些受用時境界很多 說之不了. 但你不要去執著它 便礙不到你. 俗所謂 "見怪不怪 其怪自敗" 雖看見妖魔鬼怪來侵擾你 也不要管他 也不要害怕. 就是見釋迦佛來替你摩頂授記 也不要管他 不要生歡喜, 楞嚴所謂

"不作聖心 名善境界. 若作聖解 即受群邪".

  좌선이 어느 정도 제대로 되어갈 때 만나게 되는 경계(境界)는 대단히 많기 때문에 이루 다 설명할 수가 없다. 다만 그대가 그것에 집착(執着)만 하지 않는다면 장애(障碍)가 그대에게 도달하지 아니할 것이다. 이른바 세간에서 "괴이한 것을 보고도 괴이하게 여기지 않으면 그 괴이한 것이 저절로 사라지게 된다"라는 것이 바로 이를 말한 것이다.

  비록 요사스러운 마군이[妖魔]가 와서 그대를 뒤흔들더라도 상관하지도 말고 두려워하지도 말며, 또한 석가모니 부처님이 오셔서 그대에게 마정수기(摩頂受記)[88]를 주실지라도 상관하지 말고 기뻐하지도 말라.

  능엄경에서 이른바 "거룩하다는 마음을 짓지 아니 하는 것을 좋은 경계라 한다. 만약에 거룩하다는 알음알이를 짓게 되면 온갖 사도에 빠지게 된다"는 말은 바로 이것을 이른 것이다.

---

88) 이마를 쓰다듬으며 보통 사람이 알 수 없는 미래의 먼 사실을 미리 가르쳐 주는 것.

2) 공부는 어디서부터 시작할 것인가

– 손님과 주인을 인식하라

用功怎樣下手呢. 楞嚴會上憍陳那尊者說客塵二字 正是我們初心用功下手處. 他說 "譬如行客 投寄旅亭 或宿或食 宿食事畢 俶裝前途不遑安住. 若實主人 自無攸往. 如是思惟 不住名客 住名主人. 以不住者 名爲客義. 又如新霽 淸暘升天 光入隙中 發明空中 諸有塵相 塵質搖動 虛空寂然. 澄寂名空 搖動名塵. 以搖動者 名爲塵義" 客塵喩妄想 主空喩自性. 常住的主人 本不跟客人 或來或往 喩常住的自性 本不隨妄想 忽生忽滅. 所謂 但自無心 于萬物 何妨萬物常圍繞 塵質自搖動 本礙不著澄寂的虛空. 喩妄想自生滅 本礙不著如如不動的自性 所謂一心不生 萬法無咎.

그렇다면 공부는 어디에서부터 시작해야 할까? 능엄회상에서 교진나 존자(憍陳那尊者)[89]가 객(客)과 진(塵) 두 자에 대해서 설명한 것이 바로 우리들 초심자가 공부를 시작해야 할 곳이다.

---

89) 부처님께 최초로 설법을 들은 다섯 비구 중의 한 사람.

교진나 존자는, "마치 길가는 손님이 객주(客酒) 집에 들려 밥을 먹거나 잠을 자거나 하는데, 먹거나 자는 일을 마치면 행장을 차려 곧 길을 떠나야 하므로 오래 머물지 못하지만, 주인은 갈 데가 없는 것과 같다. 이렇게 생각하면 머물지 않는 이는 손님(客)이요, 머무는 이는 주인(主)이니, 머물러 있지 않는 것을 객이라 부르는 것이다. 또 비가 개고, 볕이 나서 햇빛이 문틈으로 들어오면 허공에 떠 있는 티끌(塵)을 보게 되는데 티끌은 흔들리고 허공은 고요하다. 그러므로 맑고 고요한 것은 허공이요, 흔들리는 것은 티끌이니 그러므로 흔들리는 것을 진(塵)이라 하겠다"고 말하였다.

여기에서 손님과 티끌은 바로 망상(妄想)을 비유한 것이요, 주인과 허공은 자성(自性)에 비유한 것이다. 다시 말하자면, 항상 머물러 있는 주인은 본래 손님을 따라 가거나 오지 아니하므로, 상주(常住)하는 자성이 본래 망상을 따라 생겨났다 사라졌다 하지 않는 것에 비유한 것이다. 이른바 "다만 스스로 만물에 무심하다면 만물이 항상 둘러싸고 있다한들 무슨 방해가 되겠는가"[90] 하

---

90) 방거사[龐蘊居士]의 게송.

는 것을 뜻한다.

   티끌은 스스로 흔들리지만 본래 맑고 고요한 허공(虛空)에 장애가 되지 않는다. 이는 망상이 스스로 일어나거나 없어지거나 본래 여여부동(如如不動)[91]한 자성에 장애가 되지 아니 하는 것에 비유한 것이니, 이른바 "한 마음도 일어나지 아니 한다면 만법에 허물이 없다(一心不生 萬法無咎)"[92]라는 것이다.

   此中客子較粗 塵字較細. 初心人先認淸了 "主"和"客" 自不爲妄想遷流. 進步明白了 "空"和"塵" 妄想自不能爲礙. 所謂 "識得不爲冤". 果能於此諦番領會 用功之道 思過半了.

   이 가운데서도 손님(客)이라는 글자는 비교적 거칠고, 티끌(塵)이라는 글자는 비교적 미세하다. 그러므로 초심자가 먼저 '주인'과 '손님'의 뜻을 명확하게 인식한다면 스스로 망상을 따라 흐르는 일을 아니하게 될 것이

---

91) 변함없이 한결 같아 흔들림이 없는 상태.
92) 3조 승찬(僧璨) 스님의 「신심명(信心銘)」에 나온다.

다. 나아가서 허공(空)과 티끌(塵)의 뜻을 명백하게 인식한다면 망상은 저절로 장애가 되지 못할 것이다. 이것이 이른바 "알면 억울해 할 것이 없다[識得不爲冤][93]"라는 것이다. 이 도리를 깊이 이해하게 된다면 공부하는 길은 절반 쯤 이룬 것으로 생각해도 좋다.

3) 화두와 의정(疑情)

古代祖師 直指人心 見性成佛. 如達摩祖師的安心 六祖的惟論見性 只要直下承當便了 沒有看話頭的. 到後來的祖師 見人心不古 不能死心塌地 多弄機詐 每每數他人珍寶 作自己家珍 便不得不各立門庭 各出手眼 才令學人看話頭.

옛날 조사들은 사람 마음을 바로 가리켜서 성품을 보고 부처를 이루게 했다. 달마대사의 "마음을 편안하게 해주리라[安心][94]"라든가 육조대사의 "오직 견성만을 논

---
93) 양산연관(梁山緣觀) 선사의 말씀.
94) 달마대사와 중국 선종의 제2조가 된 혜가(慧可) 스님과의 문답으로 유명한 얘기. 혜가가 달마대사에게 법을 구하여, "제 마음이 편안하지 않습니다. 마음을 편안하게 해 주십시오."라고 했다. 달마대사 답하기를, "그대의 마음을 가져오라. 그러면 편안케 해주

한다[唯論見性][95]"처럼 바로 그 자리에서 받아들이기만 하면 되는 것이었고, 화두를 보라는 말 같은 것은 없었다. 그러나 뒷날 조사들은 사람들의 마음이 옛날과 같지 않아서 목숨 걸고 공부하려 하지 않고, 잔머리를 써서 속이는 일[欺詐][96]이 많고, 마냥 남의 보물을 헤아리면서 자신의 보배인 양 하는 것을 보시고, 어쩔 수 없이 저마다의 집안을 세우고 각자 방편(方便)[97]을 내어 학인들에게 화두를 보게 하였던 것이다.

話頭很多 如"萬法歸一 一歸何處". "父母未生前 如何是我本來面目" 等等. 但以念佛是誰 爲最普通.

겠노라."고 했고, 며칠 동안 마음을 찾아보려 애쓴 혜가가 달마대사께 돌아와 말하기를, "제 마음을 찾아보았으나, 찾을 수 없었습니다." 이에 달마대사가 "이미 내가 그대의 마음을 편안케 하였느니라."하니, 이 말에 혜가가 대오(大悟)하였다.

95) '다만 견성을 논할 뿐, 선정과 해탈은 논하지 않는다[唯論見性 不論禪定解脫]'. 『육조단경』.
96) 진실한 안목은 없는 주제에, 그럴 듯한 말로 꿰어 맞춰 넘어가는 일.
97) 불보살이 중생을 제도하기 위해 쓰는 묘한 수단.

화두에는 "만법(萬法)이 하나로 돌아간다고 하니 그렇다면 그 하나는 어디로 돌아 가는가"라든가 "부모(父母)에게서 태어나기 전 어떠한 것이 나의 본래 면목인가" 등 그 종류가 대단히 많다. 그러나 대체로 "염불(念佛)하는 자는 누구인가"라는 것이 가장 보편적인 화두라고 할 것이다.

甚麼叫話頭. 話就是說話 頭就是說話之前 如念"阿彌陀佛"是句話 未念之前就是話頭. 所謂話頭 卽是一念未生之際 一念才生 已成話尾. 這一念未生之際 叫作不生 不掉擧 不昏沈 不著靜 不落空 叫作不滅 時時刻刻 單單的的 一念回光返照. 這"不生不滅" 就叫作看話頭 或照顧話頭.

그렇다면 무엇을 화두라고 하는가? 화(話)는 곧 말이요, 두(頭)는 말하기 전이니, 저 "아미타불(阿彌陀佛)"을 염할 때에 아미타불, 이것은 '화'요 이를 염하기 전이 바로 화두(話頭)이다. 따라서 화두란 곧 '한 생각도 일어나기 이전'이니 한 생각이라도 일어나게 되면 이미 화미

(話尾)를 이루게 된다. 이 '한 생각도 일어나기 전[一念未生之際]'을 불생(不生)이라 부른다. 흔들리고 들뜨지 않고 혼침에도 들지 않으며, 고요에도 빠지지 않고 허무에도 떨어지지 않으면, 이를 불멸(不滅)이라고 부른다. 언제나 홀로 또렷하게 한 생각으로 빛을 돌이켜 저 '불생불멸(不生不滅)'을 비추는 것을 '화두를 본다[看話頭]' 혹은 '화두를 비춰 살핀다[照顧話頭]'라고 한다.

　看話頭先要發疑情. 疑情是看話頭的枴杖. 何謂疑情 如問念佛的是誰 人人都知道是自己念. 但是用口念呢. 還是用心念呢. 如果用口念 睡著了還有口 爲甚麼不會念. 如果用心念 必又是箇甚麼樣子 却沒處捉摸. 因此不明白便在"誰"上發起輕微的疑念 但不要粗 愈細愈好. 隨時隨地 單單照顧定這箇疑念. 像流水般不斷地看去 不生二念. 若疑念在 不要動著他. 疑念不在 再輕微提起. 初用心時 必定靜中此動中較得力些. 但切不可生分別心. 不要管他得力不得力 不要管他 動中或靜中. 你一心一意的用你的功好了.

화두를 보려면 먼저 의정(疑情)[98]을 일으켜야 한다. 이것이 화두를 보는 지팡이라고 할 수 있다. 그렇다면 무엇을 의정이라 하는가? 저 염불하는 자는 누구인가[念佛是誰]라고 할 때에 사람들은 모두 자기가 염하는 것으로 알고 있다. 그렇다면 입으로써 염하는가 아니면 마음으로써 염하는가. 만약에 입으로서 염한다고 한다면 잠들었을 지라도 입은 그대로 있는데도 어째서 염할 줄을 모르는가? 만약 마음으로써 염한다고 한다면 또 그 마음은 어떻게 생긴 물건인지 짐작할 수가 없다.

이처럼 분명하지 않으니 '누구인가[誰]'에서 가볍게 의심하는 생각[疑念]을 일으키되 그렇다고 거칠게 의심을 일으켜서는 안 된다. 미세(微細)하면 미세할수록 더욱 좋다. 어느 때 어느 곳에서나 홀로 밝게 비춰 보기를 마치 물이 땅위로 끊임없이 흘러가는 것처럼 보되, 결코 두 번째 생각을 일으켜서는 안 된다. 의심이 있을지라도 그것에 깊이 매달려서도 안 된다. 또한 의심이 없다면 다시 가볍게 일으켜야 한다.

초심자(初心者)로서는 고요한 가운데서의 공부가 시

---

98) 강한 의문을 갖는 감정 상태.

끄러운 가운데서의 공부보다 힘을 얻기가 비교적 쉽다. 그러나 절대로 분별심(分別心)을 내서는 안 된다. 힘을 얻거나 못 얻거나 상관하지 말며 또한 시끄러운 곳이거나 고요한 곳이거나 상관하지 말라. 다만 한 마음 한 뜻으로 정진해 나가면 그대의 공부는 좋아질 것이다.

"念佛是誰"四字 最著重在箇 "誰"字 其餘三字不過言其大者而已. 如穿衣喫飯的是誰 屙屎放尿的是誰 打無明的是誰 能知能覺的是誰. 不論行住坐臥 "誰"字一擧 便最容易發疑念 不待反覆 思量卜度 作意才有. 故誰字話頭實在是參禪妙法. 但不是將 "誰"字 或 "念佛是誰"四字作佛號念. 也不是思量卜度去找念佛的是誰 叫做疑情. 有等將"念佛是誰"四字 念不停口 不如念句阿彌陀佛功德更大. 有等胡思亂想 東尋西找 叫做疑情 那知愈想妄想愈多 等於欲升反墜 不可不知.

"염불하는 자는 누구인가"하는 네 글자 가운데서 가장 중요한 글자는 "누구인가[誰]"라는 글자다. 나머지

세 글자는 그것을 늘려 말한 것에 지나지 않는다. 옷을 입고 밥을 먹는 자는 누구인가? 똥 누고 오줌 누는 자는 누구인가? 노여움을 일으키는 자는 누구인가? 능히 지각하는 자는 누구인가? 어찌해도 다 마찬가지다. 어쨌든 행주좌와 중에 "누구인가[誰]"라는 글자를 들면 가장 쉽게 의심이 일어날 것이다. 조금이라도 반복하여 따져 생각하거나 헤아려서 일부러 의심을 일으키려 하면 안 된다. 그러므로 "누구인가"라는 화두야말로 참으로 참선의 묘법(妙法)이라 할 것이다.

그렇다고 "누구인가" 혹은 "염불하는 자는 누구인가[念佛是誰]"라는 네 글자를 가지고 부처님의 명호(名號)처럼 염하거나, 따져 생각하거나 헤아리며 염불하는 자가 누구인가를 찾는 것은 의정이라고 할 수 없다. "염불하는 자는 누구인가"라는 네 글자를 염하면서 입을 쉬지 않고 놀리는 사람도 있는데, 그리하는 것은 순수하게 아미타불을 염하는 공덕만 못하다. 또 어떤 이는 어지러운 망상을 하며 동(東)으로 찾고 서(西)로 뒤지는 것을 의정이라고 부르기도 한다. 그러나 이들이 생각을 하면 할수록 망상(妄想)도 더욱 많아진다는 사실을 알고나 있겠는가. 이는 마치 위로 올라가려고 하면서 도리어 아래로 떨어지는 것과 같은 것이니 똑바로 알지 않으면 안 된다.

初心人所發的疑念很粗 忽斷忽續 忽熟忽生 算不得疑情 僅可叫做想. 漸漸狂心水籠了 念頭也有點把得住了 再叫做參. 再漸漸工夫純熟 不疑而自疑. 也不覺得坐在甚麼處所 也不知道有身心世界 單單 疑念現前 不間不斷 這才叫做疑情. 實際說起來 初時那算得用功 僅僅是打妄想. 到這時眞疑現前 才是眞正用功的時候. 這時候是一箇大關隘 很容易跑入岐路.

초심자가 일으키는 의심(疑心)은 대체로 거칠어 갑자기 끊어졌다가 문득 이어지고, 금방 익은 듯하다가도 설고 하니 애초부터 의정(疑情)이라고 할 만한 것이 못된다. 그저 생각이라고나 할 수 있을 것이다. 그러나 점차로 날뛰던 마음이 모아지고 염두(念頭)에 조금 잡히는 것이 있게 되면 이젠 참구(參究)한다고 할 수 있을 것이다.

다시 점차 공부가 익으면 의심하지 않아도 저절로 의

심이 일어나고, 자기가 어디에 앉아 있는지도 깨닫지 못하게 되며, 몸과 마음과 세상이 존재한다는 것조차 느끼지 못하게 된다. 또렷또렷한 의심이 현전(現前)하여 끊임없이 이어지게 되면 이를 비로소 의정(疑情)이라고 할 수 있을 것이다.

실제로 사실을 말하자면, 처음에야 어찌 공부를 한다고 말할 수 있겠는가. 그저 망상을 피운다고나 할 수 있을 것이다. 진정한 의심이 현전하는 때에 이르러서야 비로소 진정한 공부를 하는 때라고 할 수 있다. 이때 하나의 큰 관문(關門)이 있게 되고 다음에 흔히 다음과 같은 두 개의 갈림길로 접어들기 쉽다.

(1) 這時候淸淸淨淨無限輕安 若稍失覺照 便陷入輕昏狀態. 若有箇明眼人在旁 一眼便會看出他正在這箇境界 一香板打下 馬上滿天雲霧散 很多會因此悟道的.

(1) 이때에는 아주 깨끗하고 한없이 가볍기 때문에 조금이라도 각조(覺照)[99]를 놓쳐버리게 되면 곧 가벼운 혼

---

99) 깨어있는 상태에서 비춤.

침(昏沈) 상태에 빠져든다. 만약에 눈 밝은 이가 곁에 있다면 이 같은 경계에 있음을 한눈에 알아보고, 향나무 널판으로 내려쳐 즉시로 하늘 가득한 구름과 안개를 걷히게 할 것이다. 이런 인연으로 도를 깨친 줄로 오해하게 되는 경우가 흔히 있다.

(2) 這時淸淸淨淨 空空洞洞 若疑情沒有了 便是無記 坐枯木岩 或叫 "冷水泡石頭". 到這時就要提 提卽覺照(覺卽不迷 卽是慧. 照卽不亂 卽是定)單單的的這一念 湛然寂照 如如不動 靈靈不昧 了了常知 如冷火抽煙 一線緜延不斷. 用功到這地步 要具金剛眼睛 不再提. 提就是頭上安頭.

(2) 이때에는 아주 맑고 깨끗하며 텅 비고 툭 틔었기 때문에 의정이 없으면 곧 무기(無記)[100]에 떨어져 마치 나무 등걸이나 바위덩이가 앉아 있는 것처럼 되어 버린다. 그러므로 어떤 이는 '찬물에 담근 돌[冷水泡石頭]'이라

---

100) 불교의 의식현상 세 가지 양상 중 하나를 말함. 일반적으로 의식(意識)이 외부로 표출되는 것을 선과 악, 그리고 무기로 구분한다. 무기는 선악의 분별이 없는 상태를 말한다.

고도 하는데 이때에는 다시 화두를 들어야 한다. 화두를 들면 곧 각조(覺照)하게 될 것이다. [각(覺)은 곧 미혹하지 아니함이니 혜(慧)요, 조(照)는 곧 어지럽지 아니함이니 정(定)이다.] 홀로 빛나는 이 한 생각은 고요하게 비춰 한결같이 움직이지 아니하며[湛然寂照 如如不動], 신령하여 어둡지 아니하며 분명하게 지각하여[靈靈不昧 了了常知] 한결같이 이어져 끊어지지 아니한다.

공부가 이 경지에 이르게 되면 금강(金剛)과도 같은 눈동자를 갖추어야 하니 다시는 화두를 들 필요가 없다. 화두를 다시 든다면 머리 위에 다시 머리를 얹어 놓는 격이다.

昔有僧問趙州老人道 "一物不狀來時如何" 州曰 "放下來". 僧曰 "一物不將來放下箇甚麼". 州曰 "放不下挑起去". 就是說這時節. 此中風光 如人飮水 冷暖自知 不是言說可能到. 到這地步的人 自然明白 未到這地步的人 說也沒用. 所謂 "路逢劍客須呈劍 不是詩人不獻詩".

옛날에 어떤 중이 조주(趙州) 선사에게 "한 물건도 가지고 오지 않았을 때에는 어떻습니까?"라고 물으니 조주가 "놓아버려라"고 대답하였다. 그러자 그 중은 다시 "한 물건도 가지고 오지 않았는데 어떻게 놓아버립니까"라고 물었다. 조주는 "놓아버리지 않으려면 짊어지고 가거라"고 대답하였다.

이것이 바로 이때의 소식을 말한 것이다. 이 소식은 물을 마셔본 사람만이 그 물이 차가운지 따뜻한지를 스스로 아는 것과 마찬가지여서 말로써 모두 표현할 수가 없다. 이 경지에 이른 이는 저절로 분명하게 알 것이요, 이 경지에 이르지 못한 이는 말해주어도 소용이 없을 것이니, 이른바 "길에서 검객을 만나면 칼을 바치고 시인이 아니라면 시를 주지 말라[路逢劍客須呈劍 不是詩人不獻詩]"[101]는 것과 같다.

4) 조고화두(照顧話頭)와 반문문자성(反聞聞自性)

惑問 "觀世音菩薩的反聞聞自性 怎見得是參禪". 我方說照顧話頭 就是敎你時時刻刻 單單的的 一念回光返照 這 "不生不滅"(話頭) 反聞聞自性 也是敎你 時時刻刻單單的的 一念反聞聞自性. "回"就是反 "不生不滅"就是自性.

---

101) 비슷한 수준의 사람이 아니면 중요한 이야기를 하지 않는다는 뜻.

"관세음보살의 들음을 돌이키어 자성을 듣는 법을 어떻게 참선으로 볼 수 있는가?"하고 묻는 사람도 있다. 나는 이제 '화두를 비춰 살핀다[照顧話頭]'는 것에 대해서 설명하겠다.

나는 방금 조고화두(照顧話頭)를 설하면서, 언제나 홀로 또렷한 한 생각으로 빛을 돌이켜 이 '불생불멸'(화두)을 돌이켜 비추는[返照] 것이라고 했다. 또한 화두에 있어 "들음을 돌이키어 자성을 듣는다[反聞聞自性]"도 언제나 홀로 또렷한 한 생각으로 들음을 돌이키어 자성을 듣도록 하려는 것이다.

여기에서 말하는 '회(回)'는 곧 반(反)이요, "나지도 아니하고 없어지지도 아니 한다"는 것은 곧 자성(自性)이다.

"聞"和"照" 雖順流時循聲逐色 聽不越於聲 見不超於色 分別顯然. 但逆流時反觀自性 不去循聲逐色 則原是一精明 "聞"和"照"沒有兩樣. 我們要知道所謂照顧話頭 所謂反聞自性 絕對不是用眼睛來看 也不是用耳朶來聽. 若用眼睛來看或耳朶來聽 便是循聲逐色被物所轉 叫作順流.

若單單的的一念在"不生不滅"中 不去循聲逐色 就叫作逆流 叫作照顧話頭 也叫作反聞自性.

'들음(聞)'과 '비춤(照)'은 순류(順流)일 때는 바로 소리를 따르고 빛을 쫓아가지만, '들음'은 소리를 넘어서지 못하고 '비춤'은 빛을 넘어서지 못하여, 그 분별이 뚜렷이 드러난다.

그러나 역류(逆流)일 때는 자성을 돌이켜 관하며 소리를 따르거나 빛을 좇지 아니하니, 본래 하나의 정묘한 밝음[一精明][102]이며, "들음"과 "비춤"은 두 물건이 아닌 것이다.

그러므로 우리는 화두를 비춰 본다거나 들음을 돌이켜 자성을 듣는다거나 하는 것이 절대로 눈동자를 써서 보거나 귀를 써서 듣는 것이 아님을 알아야 한다.

만약 눈동자를 사용하여 본다거나 귀를 이용하여 듣는다면, 이는 소리를 따르고 빛을 좇아 물건에게 부림을 받는 것에 지나지 않아 이를 순류(順流)라고 부른다. 만약 홀로 빛나는 한 생각이 '나지도 아니하고 없어지지도 아니하는 것[不生不滅]' 가운데서, 소리를 따르거

---

102) 아주 깨끗하고 밝은 상태.

나 빛을 좇지 아니하면 이를 역류(逆流)라 부르며 화두를 비춰 본다고도 하고, 돌이켜 자성을 듣는다고도 하는 것이다.[103]

5) 생사심(生死心)과 장원심(長遠心)

參禪最要 生死心切和發長遠心. 若生死心不切 則疑情不發 功夫做不上. 若沒有長遠心 則一曝十寒 功夫不成片. 只要有箇長遠切心 眞疑便發. 眞疑發時塵勞煩惱不息而自息. 時節一到 自然水到渠.

참선을 함에 있어서 가장 중요한 것은 생사심(生死心)[104]이 간절하고, 동시에 장원심(長遠心)[105]을 일으켜야 한다는 것이다. 생사심이 간절하지 않으면 의정(疑情)이 일어나지 않으며 공부가 제대로 향상되지 않는다.

장원심이 없으면 마치 하루 동안 햇볕을 쬐고 열흘 동안 추운 것[一曝十寒]과 같아서 공부가 조금도 이루어

---

103) 화두를 들 때는 눈과 귀, 코, 혀, 몸을 이용해서는 안 된다는 뜻. 오직 무심의 경지에 들어서야 함을 말한다.
104) 원래는 일어나고 꺼지는 마음을 뜻하나 여기에서 말하는 생사심은 목숨을 걸고 화두를 타파하겠다는 굳은 결의를 뜻한다.
105) 오래도록 꾸준히 밀고 나가는 마음.

지지 않는다. 반드시 장원하고도 간절한 마음이 있어야만 진정한 의심이 일어나게 되는 것이며, 진정한 의심이 일어날 때에는 번뇌를 쉬려하지 않아도 저절로 쉬어지게 된다. 결국 시절이 한 번 이르면 물은 제 흐를 길을 찾아 자연히 도랑에 이르게 된다.

我說箇親眼看見的故事 給你們聽. 前淸庚子年間 八國聯軍入京 我那時跟光緖帝慈禧太后們一起走. 中間有一段 徒步向陝西方面跑 每日跑幾十里路 幾天沒有飯喫. 路上有一箇老百姓進貢了 一點番薯籐 給光緖帝 他喫了 還問那人是甚麼東西 這麼好喫. 你想皇帝平日好大的架子 多大的威風 那會跑過幾步路 那曾餓過半頓肚子 那曾喫過番薯籐. 到那時架子也不擺了 威風也不逞了 路也跑得了 肚子也餓得了 菜根也喫得了. 爲甚麼他這樣放得下 因爲聯軍想要他的命 他一心想逃命呀. 可是來後議好和 御駕回京 架子又擺起來子 威風又逞起來了路又跑不得了 肚子餓不得了 稍不高興的東西 也喫不下咽了. 爲甚他那時又放不下了 因爲聯軍已不要他的命 他已沒

有逃命的心呀. 假使他時常將逃命時的心腸來辦道 還有 甚麽不了. 可惜沒箇長遠心 遇著順境 故態復萌.

 내가 직접 목격한 사실을 그대들에게 전해주겠다. 청(淸)나라 경자년[1900년] 때 서양(西洋)의 8국 연합군이 북경(北京)에 쳐들어 왔다. 그 때, 나는 광서 황제와 자희 태후 일행을 따라 피난을 갔는데, 가는 도중 얼마 동안은 걸어서 섬서(陜西) 방면으로 가게 되었다. 날마다 수 십리를 걸었고, 며칠 동안 밥도 먹지를 못하였다. 그러던 어느 날, 길가에서 한 노인이 약간의 고구마 줄기를 광서 황제에게 올려 드시게 했다.

 황제는 다 먹고 나서 그 노인에게 물었다. "이것이 무슨 물건인데 이다지도 맛이 있느냐?" 생각해 보라. 황제는 평소 꽤나 거드름을 피우며 위풍당당하게 살았는데, 일찍이 몇 걸음이나 걸어 보았을 것이며, 어찌 반 끼라도 배를 곯아보고 또 이런 고구마 줄기를 먹어 보았을 것인가. 그러나 이때에 이르러서는 거드름도 피우지 못하고 위풍도 과시할 수 없이, 길을 걸어야 했고 굶을 수도 있었으며, 풀뿌리도 먹을 수 있었다. 어찌하여 이렇게 내려놓을 수 있었을까? 연합군이 목숨을 빼앗

으려 하니 그는 일심으로 도망칠 생각만 하고 있지 않았겠는가? 그러나 뒤에 협상이 이루어져 어가(御駕)가 북경으로 돌아가게 되자 다시 거드름도 피우고 위세도 부리게 되었다. 이제는 다시 길을 걷지 않아도 되었고, 배를 곯지 않아도 되니 맛없는 음식을 먹으면 목구멍으로 넘어가지 않게 되었다.

어찌하여 황제는 이때 다시 내려놓을 수 없게 되었을까. 연합군이 그의 목숨을 빼앗으려 하지 않으니 그에게는 이미 도망칠 생각이 없어졌기 때문이 아니겠는가. 만약에 황제가 늘 목숨을 구하기 위해 도망칠 때의 마음가짐을 가지고 도를 닦았다면 이루지 못할 것이 무엇이겠는가? 안타깝게도 황제에게는 장원심이 없었기 때문에 순경(順境)을 만나자 예전의 교만한 태도가 다시 싹튼 것이다.

諸位同參呀 無常殺鬼 正時刻要我們的命 他永不肯同我們 "議和" 的呀. 快發箇長遠切心 來了生脫死吧. 高峯妙祖說 "參禪若要剋日成功 如墮千丈井底相似 從朝至暮 從暮至朝 千思想 萬思想 單單是箇求出之心 究竟決無二

念. 誠能如是施功 或三日 或五日 或七日 若不徹去 高峯
今日犯大妄語 永墮拔舌泥犁". 他老人家也一樣大悲心切
恐怕我們 發不起長遠切心 故發這麼重誓來向我們保證

　함께 공부하는 사람들아, 무상(無常)[106]이라는 살귀(殺
鬼)가 바로 이 시각에도 우리 목숨을 요구하고 있으며
더구나 저들은 영원히 우리와는 협상을 하려고 하지도
않는다.

　장원하고도 간절한 마음을 내어 빨리 생사(生死)에서
벗어나라. 고봉원묘(高峯原妙) 선사께서는 "참선을 앎
에 있어서 날짜를 기약하여 공을 이루려고 할 때는 마
치 천 길의 우물 밑에 떨어진 것과 같이 하여 아침부터
저녁까지, 저녁부터 아침까지 천 생각, 만 생각이 오직
벗어나기를 구하는 마음이어야 하며, 끝끝내 절대로 두
생각이 없어야 한다. 참으로 이렇게 공을 들여서 3일이
나 5일, 혹은 7일 내에 사무치지 못한다면 내가 오늘 큰
거짓말을 저지른 것이니 영원히 발설지옥(拔舌地獄)에

---

106) 현상계(現象界)의 모든 것은 변하며 영구히 존속하는 것이 없다
는 의미. 여기에서 무상한 것은 고(苦)를 수반한다는 뜻이다. 무
상한 것을 영원한 것으로 생각하여 그것에 집착(執着)을 하기 때
문에 살귀(殺鬼)라고 했던 것이다.

떨어지리라"고 하였다.

　노인네가 한결같이 자비심(慈悲心)이 간절하여 우리가 장원하고도 간절한 마음을 일으키지 아니할까 염려하여 이처럼 무거운 다짐을 하고 우리를 향해 보증하신 것이다.

6) 공부할 때 두 가지 어려움과 쉬움

用功人有兩種難易(一) 初用心的難易 (二) 老用心的難易.

　공부하는 이에게는 두 가지 어려움과 쉬움이 있다. 하나는 처음으로 공부를 시작할 때의 어려움과 쉬움이요, 다른 하나는 오래도록 공부를 쌓았을 때의 어려움과 쉬움이다.

(1) 초심자의 어려움과 쉬움

초심자의 어려움 – 어지러운 마음(偸心)이 죽지 않는다

初用心的通病 就是妄想習氣放不下來 無明 貢高 嫉妬 障碍 貪 瞋 愛 懶做好喫 是非人我 漲滿一大肚皮 那能與道相應. 或有些是箇公子哥兒出身習氣不忘 一些委屈也

受不得 半點苦頭也喫不得 那能用功辦道. 他沒有想想本師釋迦牟尼佛 是箇甚麼人出家的. 或有些識得幾箇文字 便尋章摘句 將古人的言句作解會 還自以爲了不起 生大我慢遇著 一場大病 便叫苦連天. 或臘月三十到來 便手忙腳亂 生平知解 一點用不著 才悔之不及.

초심자의 일반적인 병통(病痛)은 자신이 가지고 있던 망상과 습기(習氣)가 쉽게 사라지지 않는다는 점이다. 무명(無明)과 아만(我慢), 질투, 장애, 탐욕(貪慾), 진에(瞋恚), 우치(愚痴), 애착, 나태(懶怠) 등을 짓고, 먹기를 좋아하며, 남과 나를 분별하고 뱃살만 불린다면 어떻게 도(道)와 상응(相應)할 수 있겠는가.

대체로 부잣집 출신인 경우에는 습기를 잊지 못하여 약간의 모욕도 받아들이지 못하고 가벼운 고통도 견디지 못하니 어떻게 공부를 하며 도를 닦겠는가. 그들은 우리 스승 석가모니 부처님이 어떠한 신분에서 출가(出家)하셨는지를 생각지도 못하고 있는 것이다.[107] 어떤 이들은 얼마 안 되는 문자를 깨우쳐 글귀나 뒤적이면서

---

107) 석가모니 부처님이 왕자의 신분으로 출가하여 고행을 하고 깨달음을 얻은 것을 말함.

옛 사람이 한 몇 마디 말을 가지고 알음알이(知解)[108]를 지어 스스로 대단한 듯이 여겨 큰 아만을 일으키고 있지만 한바탕 큰병을 만나게 되면 비명이 하늘까지 닿게 된다. 혹은 섣달그믐[109]이 되어서야 비로소 허둥지둥되지만 평소의 알음알이는 반 푼어치도 쓸 데가 없으니, 그제서야 후회해도 돌이키지 못한다.

有點道心的人 又摸不著一箇下手處. 或有害怕妄想 除又除不了 終日煩煩惱惱 自怨業障深重 因此退失道心. 或有要和妄想拼命 憤憤然提拳鼓氣 挺胸睜眼 像煞有介事. 要與妄想決一死戰 那知妄想却拼不了 到弄得吐血發狂. 或有怕落空 那知早已生出"鬼". 空也空不掉 悟又悟不來. 或有將心來悟 那知求悟道想成佛 都是箇大妄想. 砂非飯本 求到驢年也決定不得悟. 或有椏到 一兩枝靜香的 便生歡喜 那僅是盲眼烏龜鑽木孔 遇然椏著不是實在功夫. 歡喜魔早已附心了. 或有靜中覺得淸淸淨淨很好

---

108) 사량분별(思量分別)에 의한 지식, 약삭빠른 수단이나 얕은 지식.
109) 죽을 때를 비유한 것.

多過 動中 又不行 因此避喧向寂 早作了動靜兩魔王的眷
屬. 諸如此類 很多很多. 初用功摸不到路頭實在難. 有覺
無照 則散亂不能"落堂". 有照無覺 又坐在死水裏浸殺.

  조금이라도 도심(道心)[110]을 지니고 있는 사람은 또 어디서부터 손을 대어 시작할지를 제대로 찾지 못한다. 어떤 이들은 망상을 두려워하여 없애고 또 없애도 끊이지 아니하여 종일토록 번뇌하다가 업장(業障)[111]이 무겁고 깊은 자신을 원망하여, 이로 말미암아 결국 도심(道心)을 잃고 물러나기도 한다.

  어떤 이들은 망상과 더불어 목숨을 돌보지 아니하고 씩씩거리며 팔을 걷어 부치고 기운을 돋우며 가슴을 내밀고 눈을 부릅떠서 마치 무슨 큰일이라도 벌일 기세를 보인다. 결국은 망상과 더불어 죽음을 각오한 한판 싸움을 하려는 것이니, 그러다가 망상을 없애기는커녕 도리어 피를 토하거나 발광하게 되는 것을 어찌 알겠는가.

  어떤 이들은 허무에 떨어질까 두려워하나 저들이 이

---

110) 도를 이루고자 하는 마음.
111) 삼장(三障)의 하나. 전생(前生)에 지은 허물로 이번 생에서 받는 마장(魔障).

미 귀신을 만들어 냈음을 어찌 알겠는가. 공(空)했다고는 하나 공을 떨치지 못하고, 깨달았다고 하나 깨달음이 오지 아니한다.

어떤 이들은 마음을 써서 깨달음을 구하나니, 저들이 도를 깨닫기를 구한다든가, 부처를 이룬다고 생각한 것이 모두 큰 망상임을 어찌 알겠는가. 모래로는 밥을 지을 수 없는 법이니 나귀의 해[112]가 이르도록 구한다 해도 결정코 깨달음을 얻지 못할 것이다.

어떤 이들은 참선한 지 몇 시간 만에 곧 환희심(歡喜心)을 일으키나니, 이것은 바다 속의 눈 먼 거북이가 어쩌다 나무 구멍에 머리를 내민 것처럼 우연히 부딪친 것에 지나지 않으며 참으로 공부가 익었기 때문이 아님을 저들이 어찌 알겠는가. 이것은 이미 환희마(歡喜魔)[113]가 마음에 들어 왔기 때문이다.

어떤 이들은 고요한 중에는 청정하여 매우 순탄하게 공부가 됨을 느끼나 시끄러운 가운데서는 그렇게 되지 아니하니, 이로 말미암아 시끄러움을 피하여 고요함에

---

112) 십이지(十二支) 중에 나귀 해는 없으니 영원히 기약이 없다는 비유.

113) 오직 기쁨의 환희에 빠져 헤어날 줄 모르는 상태.

나아가니 저들은 이미 두 마왕인 동정(動靜)의 권속이 되어 버린 것이다.

위와 같은 부류는 대단히 많다. 처음으로 공부를 시작할 때 길을 제대로 찾지 못하면 정말 어려움이 많다. 깨어있음은 있으나 비춤이 없으면 산란하여 깨달음에 이르지[落堂[114]] 못하고, 비춤은 있으나 깨어있음이 없으면 또한 죽은 물속에 앉아 빠져 죽게 된다.

초심자의 쉬움 – 놓아버리고 일념만을 들라

用功雖說難 但摸到路頭又很易. 甚麼是初用心的易呢. 沒有甚麼巧 放下來便是. 放下箇甚麼 便是放下一切無明煩惱. 怎樣才可放下呢. 我們也送過往生的. 你試罵那死屍幾句 他也不動氣. 打他幾棒 他也不還手 平日好打無明的 也不打了 平日好名好利的也不要了 平日諸多習染的 也沒有了 什麼也不分別了 什麼也放下了.

공부하기가 어렵다고는 하나, 일단 길만 제대로 들어서면 또한 대단히 쉬운 것이다. 어떠한 것이 처음으로 공

---

114) 당호를 얻음. 곧 깨달음을 인가받는다는 말.

부를 시작할 때의 쉬움인가. 무슨 교묘한 방법이 있는 것도 아니다. 그저 놓아 버릴 뿐이다. 어떠한 것을 놓아 버리면 되는가. 일체의 무명(無明)과 번뇌(煩惱)를 즉시 놓아 버리는 것이다. 어떻게 하여야 놓아 버릴 수 있는가.

우리는 죽은 사람 장례도 치러 보았다. 그대는 시험 삼아 시신에다 대고 몇 마디 욕설을 퍼부어 보라. 죽은 이는 화를 절대로 내지 않을 것이다. 그를 몇 방망이 때려 보라. 대거리조차 하지 않을 것이다. 평소에 심술을 잘 부리던 자도 심술을 부리지 아니하며, 평소에 명예와 이익을 추구하던 자도 그것을 추구하지 아니하며, 평소에 습기(習氣)와 염오(染汚)[115]가 많던 자도 그것이 없다. 아무 것도 분별하지 아니하며 무엇이라도 놓아 버린다.

諸位同參呀. 我們這箇軀殼子一口氣不來 就是一具死屍. 我們所以放不下 只因將它看重 方生出人我是非愛憎取捨. 若認定這箇軀殼子是具死屍 不去寶貴它 根本不把

---

115) 마음이나 몸을 괴롭히는 노여움이나 욕망 따위의 망념(妄念).

它看作是我 還有甚麽放不下 只要放得下. 二六時中 不論行住坐臥 動靜閒忙 通身內外只是一箇疑念 平平和和不斷的疑下去 不雜絲毫異念. 一句話頭 如倚天長劍 魔來魔斬 佛來佛斬 不怕甚麽妄想. 有甚麽打得你閒岔.

 함께 공부하는 사람들아, 우리 이 몸뚱어리는 숨 한 번 돌아오지 않으면 곧 한구의 시체(屍體)가 되고 만다. 우리가 놓아버리지 못하는 까닭은 다만 몸뚱어리를 중요하게 여겨, 인아(人我)[116]와 시비(是非)·애증(愛憎)·취사(取捨)[117]의 마음을 내기 때문이다.

 만약, 이 몸뚱어리가 한구의 시체(屍體)에 지나지 않는다는 사실을 인정하기만 한다면, 몸을 중요하게 여기지도 아니할 것이며, 몸을 나라고 보지도 아니할 것이니, 도리어 무엇인들 놓아 버리지 못하겠는가. 다만 놓아버려야 한다.

 하루 종일 가고 머물고 앉고 눕고, 움직이고 잠잠하고 한가하고 바쁨을 막론하고 온 몸이 통째로 하나의

---

116) 나와 남(을 구별함).
117) 맘에 드는 것은 받아들이고, 그렇지 않은 것은 버리는, 마음속에서 일어나는 분별 의식.

의념(疑念)이 되어 항상 끊이지 않게 하고 의심하면서 가라. 터럭만큼의 다른 생각도 섞지 말라. 화두 한마디를 마치 보검(寶劍)처럼 써서 마군이 오면 마군을 베고 부처가 오면 부처를 베라. 어떠한 망상도 두려워하지 말라. 무엇이 그대를 방해할 수 있겠는가.

又那箇去分動分靜. 那箇去著有著空 如果怕妄想 又加一重妄想. 覺淸淨 早已不是淸淨. 怕落空 已經墮在有中. 想成佛 早已入了魔道. 所謂運水搬柴 無非妙道 鋤田種地 總是禪機. 不是一天盤起腿子打坐 才算用功辦道的.

또한 어찌 부질없이 동(動)과 정(靜)을 분별할 것이며, 유(有)에 집착하고 공(空)에 집착할 것인가? 만약 망상을 두려워하면 다시 망상을 한 겹 더하는 것이다. 청정하다고 생각하면 이미 청정이 아니다. 공(空)에 떨어질 것을 두려워하면 이미 유(有)에 떨어진 것이다. 부처를 이룬다고 생각하면 이미 마군의 길에 들어선 것이다. 물 긷고 나무하는 것이 오묘한 도(道) 아님이 없고, 김을 매고 씨를 뿌리는 것도 모두 선기(禪機)[118]일 수 있다는 것을 알아야한다. 하루 종일 다리를 틀고 엉덩이를 깔고 앉아야만 비로소 공부하고 도를 닦는 것이라고 할 수 있는 것은 아니다.

(2) 구참자(久參者)의 어려움과 쉬움

구참자의 어려움 – 백척간두(百尺竿頭)에서 나아가지 못한다

甚麽是老用心的難呢. 老用心到眞疑現前的時候. 有覺有照 仍屬生死 無覺無照 又落空亡 到這境地實在難 很多到此灑不脫. 立在百尺竿頭 沒法進步的. 有等因爲到了這境地 定中發點慧 領畧古人幾則公案 便放下疑情. 自以爲大徹大悟 吟詩作偈 瞬目揚眉 稱善知識 殊不知已爲魔眷. 又有等錯會了達摩老人的 "外息諸緣 內心無喘 心如墻壁 可以入道" 和六祖的 "不思善 不思惡 正與麽時 那箇是明上座本來面目" 的意義 便以坐在枯木岩爲極則. 這種人以化城爲寶所 認異地作家鄉 婆子燒庵 就是罵此等死漢.

---

118) 선승(禪僧)의 역량. 예리하고 격식을 떠난 선승의 말이나 동작.

어떠한 것이 구참자(久參者)의 어려움인가?

오래도록 공부를 쌓아서 참다운 의심이 현전(現前)하는 때에 이르러, 깨어 있음도 있고 비춤도 있으면 그대로 생사(生死)에 있는 것이요, 깨어 있음도 없고 비춤도 없다면 또 허무(空亡)에 떨어진 것이다.

이 경지에 이르기는 정말 어렵지만, 대개는 여기서 벗어나지 못해 백 척 장대 끝에 서서 더 나아갈 방법을 모른다. 그리하여 어떤 이들은 이 경지에 이르러 정(定) 가운데서 자그마한 지혜를 일으켜 옛 사람의 몇몇 공안을 건성으로 알아채고서는 곧 의정을 놓아버린다.

스스로 크게 사무치고 크게 깨달았다[大徹大悟]고 생각하여 시를 읊조리고 게송을 지으며 눈을 껌벅이고 눈썹을 치켜 올리며 스스로 선지식이라고 떠벌린다. 그러나 자신이 이미 마군의 권속이 되어버렸음을 전혀 알지 못한다.

또 어떤 이는 달마 스님의 "밖으로는 모든 반연을 쉬고 안으로는 헐떡임이 없어 마음이 장벽(障壁)과 같아야 도에 들어갈 수 있다"[119]는 말씀이나, 육조 스님의 "선

---

119) 달마의 「혈맥론(血脈論)」에 있는 말씀..

도 생각하지 말고 악도 생각하지 말라. 바로 이러한 때에 어느 것이 명(明) 상좌의 본래 면목인가"[120]라는 말씀의 뜻을 잘못 알고서는 나무 등걸이나 바위덩이처럼 앉아 있는 것만으로 구경(究竟)[121]을 삼는다. 이와 같은 사람들은 화성(化城)을 보배 있는 장소로 알며 타향을 고향으로 여기는 것이니, 노파가 암자를 불사른 것[122]도 바로 이러한 죽은 놈들을 꾸짖기 위한 것이다.

구참자의 쉬움 – 면밀하게 공부하라

甚麼是老用心的易呢. 到這時只要不自滿 不中輟 綿綿密密做去. 綿密中更綿密 微細中更微細. 時節一到 桶底

---

120) 5조(五祖)의 의발을 전수받고 피신하던 6조가 자신을 따라온 명상좌(明上座)에게 한 말씀.

121) 근본 마음자리를 찾아가는 것.

122) 선문염송에 있는 널리 알려진 화두. 옛날 어느 노파가 20년 동안 참선하는 스님을 정성껏 모셨다. 노파는 어느날 스님의 공부를 시험해보기로 하고 딸을 암자로 보내 스님을 꼭 껴안고 이렇게 물어보게 했다. "스님, 이럴 때 마음이 어떻습니까?" 그러나 스님은 미동도 없이 앉아 있다가 말하기를 "마른 나무(枯木)가 차가운 바위에 기대니 한 겨울에 따뜻한 기운이 없도다"라고 했다. 딸이 집으로 돌아와 어머니에게 자초지종을 이야기하자 노파는 "내가 20년 동안 이런 속물(俗物)을 공양했구나"하며 스님을 쫓아내고 암자를 불살라 버렸다.

自然打脫. 如或不然 找善知識抽釘拔楔去.

어느 것이 지긋하게 공부를 쌓았을 때의 쉬움인가? 다만. 이때에 이르러서는 자만하지도 말고 중간에서 걷어치우지도 말고, 더욱 면밀하게 공부해 나가야 한다. 면밀한 가운데에서도 다시 면밀하게, 미세한 가운데에서도 더 미세하게 공부를 해야 한다.

시절이 한 번 이르면 통의 밑바닥[桶底][123]이 저절로 떨어질 것이다. 만약 그렇지 아니하면 선지식을 찾아서 못을 뽑고 쐐기를 빼야 한다.

寒山大士頌云
高高山頂上 四顧極無邊
靜坐無人識 孤月照寒泉
泉中且無月 月是在靑天
吟此一曲歌 歌中不是禪

---

123) 여기서 통은 옻이 담긴 칠통(漆桶)이다. 칠통에 담긴 검은 옻은 무명, 무지에 대한 비유. 통 밑이 빠지면 무명/무지가 빠져나갈 것이므로, 화두를 깨치거나 견성하는 일을 비유하여 칠통타파(漆桶打破)라고들 한다.

한산(寒山) 대사가 송(頌)하기를,

높은 산봉우리 꼭대기에 올라
사방을 돌아봄에 끝이 없구나.
고요히 앉았음에 아는 사람 없고
외로운 달이 찬 샘물에 비친다.
샘 가운데는 원래 달이 없거니
달은 저 푸른 하늘에 있다네.
내 노래 한 곡조를 불러 보노니
노래 속에 있는 것이 선(禪)은 아니네.

首二句 就是說獨露眞常 不屬一切 盡大地光皎皎地 無絲毫障礙. 次四句 是說眞如妙體 凡夫固不能識 三世諸佛也找不到我的處所 故曰無人識. 孤月照寒泉三句 是他老人家方便譬如這箇境界. 最後兩句 怕人認指作月 故特別提醒我們 凡此言說 都不是禪呀.

첫 2구는 홀로 드러나 참되고 항상(恒常)하여 일체에 속하지 아니하며, 온 세상에 빛이 밝아서 터럭만큼의 장애도 없음을 말한 것이다. 다음 4구는 진여묘체(眞如妙體)[124]를 설한 것이니, 범부는 애당초 알 수 없고 삼세제불(三世諸佛)도 나의 그 자리에는 이르지 못하므로 "아는 사람 없다"고 한 것이다.

'외로운 달이 찬 샘물에 비친다' 이하 세 구절은 한산 스님의 방편이니, 이러한 경계를 비유한 것이다. 최후의 두 구절은 사람들이 달을 가리키는 손가락을 달로 알까봐 염려하여 이런 말들은 모두 선(禪)이 아니라고 특별히 우리들을 일깨운 것이다.

---

124) 중생이 본래 가지고 있는 참다운 마음으로 불생불멸(不生不滅), 불구부정(不垢不淨), 부증불감(不增不減)한다.

결론(結論)

就是我方才說了一大堆 也是扯葛藤 打閒岔. 凡有言說 都無實義. 古德接人 非棒則喝 那有這樣羅索. 不過今非昔比 不得不强作標月之指. 諸位同參呀. 究竟指是誰月是誰. 參.

 내가 한 무더기 많은 말을 했지만, 이 또한 번잡함을 더하는 격이요 길을 헷갈리게 하는 것에 지나지 않는다. 무릇 언설(言說)은 모두 참다운 뜻이 없다. 옛 스님들은 사람을 맞이하여 몽둥이로 때리거나 고함을 질렀지, 어찌 이처럼 너절하게 늘어놓았던 일이 있었겠는가.
 지금은 시절이 옛날 같지 않아서 억지로 달을 가리키는 손가락을 짓지 아니할 수 없었던 것이다. 함께 공부하는 사람들이여, 마침내 손가락은 누구이며 달은 또 누구인가? 참구할지어다.

제3장

참선경어(參禪警語)

心卽是佛 佛卽是覺. 此一覺性 生佛平等 無有差別. 空寂 而了無一物 不受一法 無可修證. 靈明而具足萬德 妙用 恆沙 不假修證. 只因衆生迷淪生死 經歷長劫 貪瞋癡愛 妄想執著 汚染已深 不得已而說修說證. 所謂修者 古人 謂爲不祥之物 不得已而用焉.

 마음이 곧 부처요 부처가 곧 깨달음이다. 이 깨닫는 성품은 중생과 부처가 평등하여 차별이 없으며, 텅 비고 고요하여 한 물건도 없고, 한 법도 받지 아니하며, 수행할 수도 없고 증득할 수도 없다. 신령스럽게 밝아

온갖 덕을 갖추고 있으며 묘용(妙用)[125]은 항하의 모래알(恒河沙)처럼 많아서 수행과 증득을 빌지 아니한다.

다만 중생이 미혹되이 생사에 빠져들어 오랜 겁을 겪으면서 탐진치애 등 망상과 집착의 더러움에 물듦이 이미 깊은 까닭에, 어쩔 수 없이 수행을 말하고 증득을 말하는 것이다. 이른바 수행이란 것에 대해서 옛사람들은 상서롭지 못한 물건인지라 어쩔 수 없는 경우에나 사용한다고 하였다.

此次打七 已經三箇半七 還有三箇半七. 下三箇半七 身心較爲純熟 用功當此前容易 諸位不可錯過因緣. 務要在下三箇半七內 弄箇水落石出 發明心地 才不孤負 這箇難得的機緣.

이번 타칠(打七)[126]은 이미 3주하고도 절반이 지났으나 아직도 3주 반이 더 남아 있다. 남은 20여 일 동안은 몸과 마음이 비교적 순숙(純熟)하여 공부하기가 전보다 쉬

---

125) 신묘(神妙)한 작용(作用).
126) 혹은 선칠(禪七). 7일 단위의 안거 정진.

울 것이니, 여러분은 모처럼의 인연을 그릇되게 보내서는 안 될 것이다.

남은 20여 일 동안 물이 말라 돌이 드러나는 경지를 지어 심지(心地)를 밝혀야만 이처럼 얻기 어려운 인연을 헛되이 보내지 않게 될 것이다.

這 二十多天來 諸位 一天到晩 起早睡遲 努力用功 結果 出不了四種境界.

지난 20여 일 동안 여러분은 일찍 일어나고 늦게 자면서 진종일 공부에 노력하였으나 그 결과는 다음의 네 가지 경계[四種境界]에서 벗어나지 아니할 것이다.

一者 路頭還有搞不淸的 話頭看不上 糊糊塗塗隨衆打盹 不是妄想紛飛 就是昏沈搖擺.

첫째, 공부하는 가운데서도 아직도 뚜렷하게 분간되지 아니하는 것이 있어 화두를 잘 볼 수 없고, 어리벙벙한 채 대중을 따라 졸고 있으니, 망상이 어지럽게 날리거나, 아니면 혼침에 휘둘린다.

二者 話頭看得上 有了點把握 但是死死握著 一片敲門瓦子. 念著 "念佛是誰" 這箇話頭 成了念話頭. 以爲如此可以起疑情 得開悟. 殊不知這是在話尾上用心 乃是生滅法 終不能到 一念無生之地. 暫用尚可 若執以爲究竟實法 何有悟道之期. 晚近禪宗之所以不出人了 多緣誤于在話尾上用心.

둘째, 화두가 제대로 들려서 뭔가 잡히는 것은 좀 있으나 다만 죽도록 문을 두드리는 한조각 기왓장을 잡고 있는 것과 같다. "염불하는 자는 누구인가"를 생각으로 잡고 있으니 이러한 화두는 염화두(念話頭)를 이룰 뿐이다. 그럼에도 불구하고 이렇게 하면 의정이 일어나 깨달음을 얻을 수 있겠거니 생각한다.

이것은 이미 화미(話尾)에 마음을 쓰고 있는 것이어서 곧 생멸하는 법에 지나지 않으니, 끝내 일념무생(一念無生)[127]의 경지에 이를 수는 없다는 사실을 전혀 알지 못한다. 잠깐 동안 사용하는 것은 그래도 괜찮지만, 만약 이에 집착하여 구경(究竟)의 실다운 법으로 삼는다면 어떻게 깨달음을 기약할 수 있겠는가. 근래에 선종에서 인물이 나지 않는 까닭도 대개는 이처럼 화미에 마음을 쓰는 잘못 때문이라 하겠다.

三者 有的會看話頭 能照顧現前一念無生. 或知念佛是心 卽從此一念起處 驀直看到無念心相. 逐漸過了寂靜 粗妄旣息 得到輕安 就有了種種境界出現. 有的不知身子坐在何處了 有的覺得身子輕飄飄的上騰了 有的見到可愛的人物而生歡喜心的 有的見到可怕的境界而生恐怖心的 有的起婬慾心的 種種不一 要知這都是魔 著卽成病.

---

127) 한 생각도 일어나지 않을 때을 말하며 불생불멸의 진여에 안주한 경지를 일념무생법인(一念無生法忍) 이라 한다.

셋째, 어떤 이는 화두 보는 법에 통해서 현전하는 일념무생(一念無生)을 비출 수 있거나 혹은 염불하는 자가 곧 마음인줄 알아서 이 일념이 일어나는 곳을 좇아 곧장 무념심상(無念心相)에 나아간다. 차츰 적정(寂靜)함을 경험하고 이미 일어나는 망상을 쉬어 경안(經安)[128]함에 이르러 갖가지 경계가 나타나기도 한다.

어떤 사람은 몸뚱이가 어디에 앉아 있는지도 모르게 되기도 하고, 도 어떤 이는 몸뚱이가 훨훨 날아오르는 것처럼 느끼기도 하며, 기대하던 사람이나 물건이 나타나 환희심(歡喜心)을 일으키기는 경우도 있고, 두려운 경계가 나타나 공포심(恐怖心)을 일으킬 수도 있고, 또 어떤 경우에는 음욕심(淫慾心)이 일어나기도 하는 등 온갖 경계(境界)가 있으나 이 모두가 마(魔)인지라 집착하면 곧 병(病)을 이루게 됨을 알아야 한다.

四者 有的業障較輕的 理路明白 用功恰當 已走上了正軌的. 清清爽爽 妄想若歇 身心自在 沒有甚麼境界. 到此

---

128) 경쾌하고 평온한 마음 상태.

地步 正好振起精神 用功向前. 惟須注意枯木巖前岔路
多. 有的是在此昏沈而停住了. 有的是得了點慧解 作詩
作文 自以爲足 起貢高我慢.

넷째, 어떤 이는 업장이 비교적 가벼워 이치를 분명
히 이해하고, 공부하는 것이 제대로 들어맞아 이미 바
른 궤도(軌道)에 오른 경우도 있다. 청정(淸淨)하고 상쾌
(爽快)하여 망상이 쉬어진 것 같고 몸과 마음이 자재(自
在)하여 어떠한 경계도 나타나지 아니한다. 이러한 경
지에 이르렀을 때에는 다시 정신을 가다듬어 앞을 향해
공부를 해나가는 것이 좋다. 다만, 나무 등걸이나 바위
덩이와 같은 경지 앞에 또 다시 많은 갈래의 길이 있음
을 주의해야 한다. 어떤 이는 여기에서 혼침에 빠져 머
물러 버리며, 어떤 이는 약간의 알음알이를 얻어 시문
(詩文)이나 지으면서 스스로 만족하여 아만(我慢)을 드높
인다.

以上四種境界都是病 我今與你們以對治之藥.

이상 네 가지 경계가 다 병통이니, 이제 그대들에게 이에 대처하는 약을 주리라.

第一 如話頭未看上 妄想昏沈多的人. 你還是看"念佛是誰"這箇誰字. 待看到妄想昏沈少 誰字不能忘了時 就看這一念起處. 待一念不起時 卽是無生 能看到一念無生 是名眞看話頭.

첫째, 화두가 아직 들려지지 아니하고 망상과 혼침(昏沈)이 많은 사람은, 다시 "염불하는 자는 누구인가" 할 때에 그 "누구인가[誰]"라는 글자를 보라. 망상과 혼침이 적어질 때까지 보아 "누구인가"라는 글자가 잊혀지지 아니할 때에, 저 한 생각[一念]이 일어나는 곳을 보라. 일념도 일어나지 아니한 때가 곧 무생이니 능히 일념무생(一念無生)을 보게 될 것이다. 이를 이름하여 참으로 화두를 본다고 하는 것이다.

第二. 關于執著"念佛是誰"在話尾上用心 以生滅爲是的人. 也可照上述的意思 卽向念起處看到一念無生去.

둘째, "염불(念佛)하는 자는 누구인가"에 집착하여 화미(話尾)에 마음을 쓰거나 생멸법(生滅法)으로써 구경(究竟)을 삼고 있는 이를 위한 처방이다. 이들도 위에서 설명한 뜻에 비추어 곧 일념이 일어나는 곳을 향하여 일념무생(一念無生)을 보면 된다.

第三. 關于觀無念已得寂靜輕安 而遇到任何境界的人. 你只照顧本參話頭 一念不生 佛來佛斬 魔來魔斬 一槪不理他 自然無事 不落羣邪.

셋째, 무념(無念)을 관하여 이미 적정(寂靜)과 경안(輕安)을 얻어 어떠한 경계(境界)에 도달한 이를 위한 처방이다. 그대는 다만 본래 참구하던 화두만을 비춰 살피되 한 생각도 일으키지 말고 부처가 오면 부처를 베고, 마(魔)가 오면 마를 베어 전혀 그것에 아랑곳하지 말라. 그러면 자연히 일이 없고 온갖 사도(邪道)에 떨어지지 아니하게 될 것이다.

第四 關于妄念已歇 淸淸爽爽 身心自在的人. 應如古人所說 "萬法歸一 一歸何處". 由一向至極處邁進 直至高高山頂立 深深海底行 再撒手縱橫去.

넷째, 망념이 이미 쉬어져서 청정하고 상쾌하여 몸과 마음에 걸림이 없는[自在]한 이를 위한 처방이니, 이들은 마땅히 옛사람이 설한 바 "만법이 하나로 돌아간다 하니, 그렇다면 그 하나는 어디로 돌아가는가?[萬法歸一 一歸何處]"처럼 하나를 좇아 지극한 곳을 향해 힘껏 나아가, 곧바로 높고 높은 산봉우리에 서고 깊고 깊은 바다 밑을 거닐면서, 다시 손을 놓아 거침없이 행동하도록 하라.

以上所說 都是對末法時期的鈍根人說的方法 其實宗門上上一乘. 本師釋迦牟尼佛在靈山會上拈花之旨 敎外別傳. 歷代祖師 惟傳一心 直指人心 見性成佛 不落階級 不假修證. 一言半句卽了 無一法可得 無一法可修 當下就是不起妄緣 卽如如佛. 那裏有許多閒話呢.

이상 설명한 것이 모두 말법시대(末法時代)의 근기가 노둔(魯鈍)한 사람을 위해 설한 방법이지마는 실은 종문의 상상일승(上上一乘)[129]이다. 우리 스승 석가모니 부처님께서 영산회상에서 꽃을 들어 보이신 뜻이며, 경전의 가르침 밖에서 따로 전하신 것[敎外別傳]이다. 역대 조사들이 오직 일심(一心)을 전하면서 사람 마음을 곧 바로 가리켜 성품을 보아 부처를 이루게 하셨으니, 모두 계급(階級)[130]에 떨어지지 아니하며, 수행과 증득을 빌리지

---

129) 여기에서는 성불할 수 있는 오직 하나의 길을 뜻하지만 원래의 뜻은 중생을 깨달음으로 인도하는 부처의 가르침을 뜻한다. 또한 깨달음에 이르게 하는 오직 하나 궁극적인 부처의 가르침을 일컫는 말이기도 하다.

130) 수행에 점차(漸次)와 단계(段階)가 있다고 규정함.

아니한 것이다. 따라서 일언반구(一言半句)에라도 한 법도 얻을 것이 없으며 한 법도 닦을 것이 없음을 깨달아 망령된 반연을 일으키지만 않으면 곧 여여(如如)한 부처다. 이 가운데 무슨 부질없는 말이 더 필요하겠는가?

제4장

섣달 그믐
보다(普茶)때의 가르침

諸位上座 今天又是臘月三十日了 大衆都認爲是過年 常住沒有好供養 請諸位多喫杯茶. 照曆書規定 一年有春夏秋冬四季 十二箇月 二十四個節氣. 人事上的措施 多是應著天時而來的. 如農人的春耕夏耘 秋放冬藏 工人的起工停工 商人的開張結賬 學校的開學放假 我們出家人的結制解制 請職退職 無一不是根據天時節令而來的. 一般人認爲過年是一個大關節 要把一年的事 作個總結 同時要休息幾天.

상좌 여러분, 오늘이 또 섣달 그믐이다. 그러므로 대중들은 모두 한 해를 보낸다고 생각할 것이다. 절에는 좋은 공양거리가 없으니 여러분들은 차나 많이 들도록 하라. 역서(曆書)의 규정을 볼 것 같으면 1년에는 봄, 여름, 가을, 겨울의 사계절(四季節)이 있고 12개월이 있으며 24절기가 있다.

그런데 인간 세상의 제도(制度)도 천시(天時)[131]에 상응하여 유래한 것이 많으니 농부는 봄에 갈고 여름에 김매며 가을에 거두고 겨울에 갈무리하며, 기술자들은 공사를 착수하고 멈추며, 상인들은 점포를 열고 닫고, 학교는 개학과 방학을 하며, 우리들 출가인은 결제(結制)와 해제(解制)[132]를 하며 소임을 맡거나 물러나는 등, 어느 한 가지도 천시의 절령(節令)[133]에 근거하여 유래하지 아니한 것이 없다.

일반인들은 해를 보내는 것을 하나의 커다란 전기(轉機)로 여겨 한 해 동안의 일을 마무리하면서 며칠 동안의 휴식(休息)을 갖게 된다.

---

131) 춘하추동 지구상의 계절을 뜻함.
132) 안거의 시작과 마침. 출가한 승려들이 한곳에 모여 외출을 금하고 수행하는 제도를 안거라고 하는데 남방불교에서는 여름 한 차례만 안거를 행하며, 북방불교에서는 여름 3개월 동안 행하는 하안거(夏安居)와 겨울 3개월 동안 행하는 동안거가 있다.
133) 절후(節候)와 시령(時令). 곧 한 해를 24절기로 나눈 것.

你我有緣 僥倖今日同在雲門 平安過年 這是佛祖菩薩的加庇 龍天的護持亦由大家累劫栽培之所感. 但我們自己平安過年 不可忘記那些痛苦不堪的人. 我們不可貪圖歡樂 要格外的省愼 深自懺悔 精進修持 自利利他 廣培福慧 年老的人 死在眉睫 固要猛進 年輕的人 亦不可悠忽度日 須知黃泉路上無老少 孤墳多是少年人. 總要及早努力 總要及早努力 了脫生死 方爲上計.

그대들과 나는 인연이 있어 다행히 오늘 운문산(雲門山)[134]에 함께 거처하면서 평안하게 한해를 보내게 되었으니 이것은 불조(佛祖)와 보살님들의 가호요, 용왕과 하늘의 보호인 동시에 여러분이 여러 겁에 걸쳐 심은 공덕(功德)의 결과다.

그러나 우리 자신이 한 해를 편안히 보낼지라도 저 고통 받고 있는 사람들을 결코 잊어서는 안 된다. 우

---

134) 여기선 허운 화상이 머문 운문산의 대각선사(大覺禪寺)를 지칭.

리들은 환락을 추구해선 안 되며, 격외(格外)[135]의 성찰과 근신, 참회(懺悔)를 깊이하며 정진 수행하여 자리이타(自利利他)[136]를 꾀하고 널리 복덕(福德)과 지혜(智慧)를 북돋도록 해야 할 것이다. 나이 많은 이들은 죽음이 아주 가까이 있으니 용맹스럽게 정진하여야 하며, 젊은이들 역시 한가하게 날을 보내선 안 된다.

황천길에는 늙은이와 젊은이의 구별이 없으며 외로운 무덤은 소년(少年)의 것이 많은 법이다. 어쨌든 일찍이 노력하여 생사(生死)에서 벗어나는 것을 제일의 계책(計策)으로 삼아야 한다.

我們本來天天喫茶 何以今天名 "喫普茶"呢. 這是先輩的婆心 藉喫普茶提醒大家.

---

135) 일정한 격식(格式)이나 상례(常例)를 벗어난 것. 불교에서는 높은 도의 경지를 뜻하기도 함.
136) 자기를 이롭게 하는 동시에 남도 이롭게 하는 일. 보살의 행.

우리들은 본래 매일 차를 마시고 있는데도 어째서 오늘은 보다(普茶)¹³⁷를 마신다고 하는가? 이것은 선배(先輩)들의 노파심(老婆心)이니 보다를 마시는 것을 핑계 삼아 여러분을 깨우치기 위함이다.

昔趙州老人道風高峻 十方學者參禮的甚衆. 一日 有二僧 新到 州指一僧問曰 "上座曾到此間否" 云 "不曾到". 州云 "喫茶去" 又問那一僧云 "曾到此間否" 云 "曾到" 州云 "喫茶去". 院主問曰 "不僧到 敎伊喫茶去且置 曾到 爲甚麽 也敎伊喫茶去". 州云 "院主" 院主應 "喏" 州云 "喫茶去"

옛날에 조주선사는 도풍(道風)이 우뚝하여 시방에서 참례하는 학인들이 대단히 많았다. 하루는 두 중이 새로 도착하였다.

조주 중은 한 중을 가리키며 묻기를 "그대는 이곳에 와본 적이 있는가? 그 중은 "와 본적이 없습니다."라고

---

137) 법회(法會)를 마친 뒤 일반인이나 대중들과 함께 차를 마시는 일.

대답하였다. 조주 스님은 "차나 마시게[喫茶去]"라고 하였다.

다시 다른 중에게 묻기를, "일찍이 이곳에 온 적이 있는가?"하였다. 그 중이 답하기를, "와본 적이 있습니다." 그러자 조주 스님이 말했다. "차나 마시게."

이를 보고 원주(院主)가 "와본 적이 없다는 이에게 차를 마시라는 것은 그렇다 치고, 와본 적이 있다는 이에게도 차를 마시라는 것은 어째서입니까"라고 물었다.

조주 스님은 "원주!"하고 불렀다. 그러자 원주는 "네"하고 대답했다. 조주 스님은 다시 "차나 마시게"[138]라고 하였다.

如是三人都得了利益. 後來傳徧天下 都說"趙州茶". 又如此地 雲門祖師 有學者來見 就擧起胡餅 學者就領會了. 所以天下相傳"雲門餠""趙州茶".

---

138) 조주는 선사는 도(道)를 묻는 제자에게 "끽다거(喫茶去)"라고 대답하였는데 이것이 뒷날 선가의 유명한 화두(話頭)가 되었다. 끽다는 평상심(平常心)이고, 평상심은 곧 도이자 선(禪)이라는 다선일미사상(茶禪一味思想)은 고려시대 이후 우리 나라의 선가에 상당한 영향을 끼쳤다.

이처럼 세 사람 모두가 이익을 얻었다. 후세에 이 이야기가 세상에 널리 전해져 조주차(趙州茶)라고 말하게 되었다.

이와 같은 경우는 운문(雲門)조사에게도 있었으니, 어떤 학자가 찾아오자 운문은 떡(胡餠)을 집어들었고 학인이 곧 이해하였다. 그래서 세상에는 '운문병(雲門餠)'[139] '조주차(趙州茶)'라고 전해지게 되었다.

現在諸位 正在喫茶喫餠 會了麽. 如若未會 當體取喫茶的是誰 喫餠的是誰. 大抵古人 念念合道 步步無生 一經點醒 當下卽悟. 今人梵行未淸 常常在動 念念生滅 覆障太厚 如何點法 他亦不化. 所以諸位總要放下一切 不使凡情妄念 汚染自己的妙明眞心.

---

139) 한 스님이 운문스님에게 "부처의 말도 조사의 말도 아닌 것은 무엇입니까?"라고 물었다. 이 때 운문 선사는 "호떡(胡餠)"이라고 대답했다는 데에서 유래되었다.

지금 여러분은 바로 차를 마시고 떡을 먹고 있는데, 알겠는가? 만약에 알지 못한다면 이 자리에서 차를 마시고 있는 자는 누구이며 떡을 먹고 있는 자는 누구인가? 대체로 옛 사람들은 생각 생각이 도(道)에 맞았고 걸음걸음마다 무생(無生)이었으며, 일단 깨우쳐 주기만 하면 곧바로 깨달았다.

요즘사람들은 범행(梵行)[140]이 청정하지 못하고 항상 동요하고 있으며 생각 생각마다 생멸하며 업장이 너무나 두터우니 어떻게 법을 깨우쳐 줘도 변하지를 않는다. 그러하니 여러분은 요컨대 일체를 놓아 버려서 범정(凡情)[141]과 망념이 자기의 오묘하게 밝은 진심(眞心)을 더럽히지 않도록 해야 할 것이다.

---

140) 범은 청정·적정의 뜻, 범행은 맑고 깨끗한 행실. (1)음욕을 끊는 것. (2)공(空)·유(有)의 양쪽에 치우쳐 물들지 않고, 맑고 깨끗한 자비심으로 중생의 고통을 건지고 낙을 주는 보살행.
141) 보통 사람이 느끼는 별 볼일 없는 감정.

古人說 "但盡凡情 別無聖解". 你現在喫花生 若不知花生的香味 就同木石. 若知花生的香味 就是凡夫. 如何去此有無二途處. 就是衲僧本分事. 縱然超脫了這些見解 猶在鬼窟裏作活計 大家子細. 放下身心 莫隨節令轉 直下參去.

옛 사람이 설하기를 "다만 범부의 정념만 없애라. 따로 성인(聖人)의 알음알이가 있는 것이 아니다"[142]라고 했다. 그대는 지금 땅콩을 먹고 있는데, 만약, 땅콩의 향미(香味)를 모른다면 나무나 돌과 마찬가지요, 땅콩의 향미를 안다면 곧 범부(凡夫)다. 어떻게 하면 이 유무(有無)의 두 길을 떠날 수 있을 것인가. 이것이 납승(衲僧)[143]

---

142) 천황도오(天皇道悟) 선사가 제자 용담숭신(龍潭崇信)에게 한 말씀. "성품 따라 거닐고, 인연 따라 걸림이 없다. 범부의 마음이 다했을 뿐 달리 성인의 견해가 없다(任性逍遙 隨緣放曠 但盡凡情 別無聖解)".
143) 세상 사람들이 내다버린 헝겊 등을 모아 기워 만든 옷인 납의(衲衣)를 입은 승려(僧侶)를 이르는 말.

의 본분사(本分事)¹⁴⁴다.

비록 이 견해에서 벗어날지라도 귀신의 굴 가운데서 살 궁리를 꾸미고 있는 격이니 여러분들은 자세히 참구하라. 몸과 마음을 놓아버리고, 세월 흐르는 대로 뒹굴지 말고, 곧바로 참구하라.

---

144) 자신이 마땅히 행하고 지켜야 할 일.

제5장

수행과 불수행(不修行)

講修行 講不修行 都視一句空話. 你我透徹了自己這一段心光 當下了無其事 還說甚麼修與不修. 試看本師釋迦牟尼佛的表顯. 出家訪道 若行六年證道. 夜覩明星 嘆曰"奇哉奇哉 大地衆生 皆有如來知慧德相 祇因妄想執著 不能證得. 若離妄想 則淸淨智 自然智 無師智 自然現前". 以後說法四十九年 而曰"未說著一字". 自後歷代祖師 一脈相承 皆認定"心佛衆生 三無差別". "直指人心 見成成佛". 橫說竪說 或棒或喝 都是斷除學者的妄想分別 要他直下"識自本心 見自本性". 不假一點方便葛藤 說修說證 佛祖的意旨 我們也就皎然明白了.

수행을 이야기하거나 수행하지 않음을 이야기하는 것은 모두 부질없는 말이다. 그대와 내가 자신의 이 심광(心光)[145]을 사무치기만 하면 그대로 할 일이 없어지는데, 어떻게 수행하고 수행하지 아니하고를 말할 것인가.

우리 스승 석가모니 부처님이 드러내신 것을 보라. 출가하여 도(道)를 묻고 6년간의 고행을 거쳐 도를 증득하고 나서 밤에 샛별을 보면서 탄식하시기를, "기이하고 기이하다. 온 세상 중생(衆生)들이 모두 여래(如來)의 지혜(智慧)와 덕상(德相)을 갖추고 있는데도 다만 망상과 집착으로 말미암아 깨달음을 얻지 못하는구나. 망상만 여읜다면 곧 청정한 지혜, 자연히 갖춰진 지혜, 스승의 가르침을 필요로 하지 않는 지혜가 저절로 현전할 것을..."이라고 하셨다.

그 뒤로부터 부처님은 49년 동안 설법하시고 나서도 "한 글자도 설하지 않았다"고 하셨다. 그 뒤에 조사(祖師)들도 일맥으로 법을 이어가면서 모두 '마음, 부처, 중생 이 셋이 차별이 없다'거나 '곧 바로 사람의 마음을 가리켜 성품을 보아 부처를 이룬다'고 하였다. 조사들은

---

145) 마음이 뿜어내는 지혜의 빛. 내광(內光)·지혜광(智慧光)이라고도 함.

이런 말 저런 말로 설명하거나, 방망이를 휘두르기도 하고 큰 고함[喝]¹⁴⁶을 지르기도 하였으나, 이것들은 모두 학인들의 망상 분별을 끊어 없앰으로써 저들이 곧바로 '자기의 본심을 깨닫고 자기의 본성을 보게' 하려는 것이었다. 한 낱 방편(方便)이나 언어 문자[葛藤]를 빌리지 않고도 수행을 말하고 깨달음을 말한 불조(佛祖)의 의도를 우리들은 명확하게 이해하여야 한다.

你我現前這一念心 本來淸淨 本自具足 周徧圓滿 妙用恒沙 與三世諸佛無異. 但不思量善惡 與麼去 就可立地成佛 坐致天下太平. 如此有甚麼行可修 講修行豈不是句空話嗎. 但你我現前這一念心 向外馳求 妄想執着 不能脫離 無始以來 輪轉生死 無明煩惱 愈染愈厚. 初不知自心是佛 卽知了 亦不肯承當作不得主 沒有壯士斷腕的勇氣 長在妄想執著中過日子. 上焉者 終日作模作樣 求禪求道

---

146) 선종(禪宗)에서 스승이 참선하는 사람을 인도할 때 질타하는 일종의 고함소리. 언어로 표현할 수 없는 절대의 진리를 나타내기 위하여 할을 발한다.

不能離于有心. 下焉者 貪瞋癡愛 牢不可破 背道而馳. 這
兩種人 生死輪轉 沒有已時 講不修行 豈不又是空話.

그대와 나에게서 현전하는 이 일념은 본래 청정하
고 본래 구족(具足)하며 두루하고 원만(圓滿)하며, 묘용
이 항하의 모래알처럼 한량이 없어서 삼세제불(三世諸
佛)[147]과 더불어 다름이 없다. 다만, 선악(善惡)만을 따져
생각하지 아니하면 그 자리에서 부처를 이룰 수도 있으
며 앉아서 천하태평(天下泰平)을 이룰 수도 있다.

이렇거늘 무슨 행을 닦을 것이며, 수행을 이야기하는
것이 어찌 헛소리가 아니겠는가. 다만 그대와 나에게서
현전하는 이 일념이 밖으로만 치달아 망상과 집착을 구
하여 벗어날 줄 모르며, 시작 없는 옛적부터 생사에 윤회
하여 무명과 번뇌는 더욱 물들고 더욱 두터워진 것이다.

처음에는 자기 마음이 곧 부처인 줄 알지 못하였고,
알아도 받아들이려 않아서 주인 노릇을 하지 못하며,
작은 것을 버려 큰 것을 지킬 용기도 없어서 길이 망상
과 집착 한 가운데서 날을 보내고 있다.

---

147) 과거세·현재세·미래세의 모든 부처.

좀 나은 사람은 종일토록 이리저리 선(禪)을 찾고 도(道)를 찾아 유심(有心)을 여의지 못하며, 그보다 못한 사람은 탐진치애(貪瞋癡愛)가 깨뜨릴 수 없을 만큼 굳어져 도를 등지고 내달리고 있다. 이와 같은 두 가지 종류의 사람들이 생사(生死)에 유전(流轉)하여 그칠 때가 없으니 수행하지 않음을 이야기하는 것이 어찌 헛소리가 아니겠는가?

所以大丈夫 直截了當. 深知古往今來 事事物物 都是夢幻泡影 無有自性. 人法頓空 萬緣俱息 一念萬年 直至無生. 旁人看他穿衣喫飯 行住坐臥 一如常人. 殊不知他安坐自己淸淨太平家裏 亨受無盡藏寶 無心無爲 自由自在 動靜如如 冷暖祇他自己知道. 不惟三界六道的人天神鬼窺他不破 就是諸佛菩薩也奈他不何. 這樣還說箇甚麽修行與不修行呢.

그러므로 대장부(大丈夫)는 곧 바로 알아차려서, 예로부터 지금까지 온갖 사물(事物)이 모두 꿈과 같고 허깨비와 같고 물거품 같고 그림자 같아서 자성이 없는 줄을 깊이 안다. 그리하여 사람(人)과 법(法)[148]이 몰록 공해지고 뭇 인연[萬緣]이 모두 쉬어져서 일념이 만년이 되어 곧바로 무생(無生)에 이른다.

이와 같은 이를 곁에서 보면 옷 입고 밥 먹고 가고 머물고 앉고 눕는 것이 한결같이 보통사람과 똑같으니, 그가 자신의 청정하고 태평한 집 안에 앉아서 무진장의 보배를 누리며, 무심무위(無心無爲)하고 자유자재하며 동(動)과 정(靜)이 한결같음을 다른 사람이 알지 못한다.

차고 더운 것은 오직 그 사람 자신만 안다. 삼계육도(三界六道)의 인간(人)과 하늘(天)과 귀신(鬼)들이 그를 엿볼 수 없고 깨뜨릴 수도 없을 뿐 아니라, 제불보살들도 그를 어떻게 하지 못한다. 이렇거늘 어떻게 수행이 무엇이고 수행하지 않음이 무엇이라고 말할 수 있겠는가?

其次的人 就要發起志向 痛念生死 發慚愧心 起精進行 訪道力參. 常求善知識 指示途徑 勘辨邪正. "如切如磋

---

148) 사람(人)과 법(法)은 각각 주(主)와 객(客), 혹은 주관(主觀)과 객관(客觀)을 뜻한다.

如琢如磨""江漢以濯之 秋陽以曝之"慚臻于精純皎潔 이것은不能說不修行了.

 그 다음 수준의 사람들은 뜻을 일으켜 생사를 아프게 생각하고 부끄러운 마음을 내어 정진(精進)과 수행(修行)을 하며, 도를 묻고 힘껏 참구해야 한다. 늘 선지식을 찾아서 지름길을 지시 받아서 거짓(邪)과 바른 것(正)을 가려야 한다. '끊는 듯, 오리는 듯, 쪼는 듯, 가는 듯'[149] 하며 '양자강과 한수(漢水)에 빨고 가을볕에 말려[江漢以濯之 秋陽以曝之]'[150] 점점 정밀하고 순수하며 밝고 깨끗한 경지로 나아가야 하거니, 수행하지 않음을 설해서는 안 된다.

上來說的不免遷上就下 仍屬一些葛藤 明眼人看來 要認爲 "拖泥帶水". 然祖庭秋晚 去聖日遙 爲應羣機 不得已而如此羅索. 究實論之講修行講不修行 都是空話 直下無事 本無一物 那容開口. 菩薩呀 會嗎.

---

149) 절차탁마(切磋琢磨).
150) 『맹자(孟子)』 중에서 공자의 덕을 찬탄한 말. 여기서는 많은 수행이 필요함을 비유한 것.

이상에서 말한 것은 높은 곳에서 낮은 곳으로 옮기는 격(格)임을 면치 못하니, 여전히 번거로운 설명[葛藤]일 뿐이다. 눈 밝은 사람이 본다면 우물쭈물, 시원한 구석이 없다고 할 것이다. 그러나 조사(祖師)의 뜻에는 가을이 깊었고 성인(聖人)[151]이 가신지는 오래 되었으므로 보통 근기들을 위하여 어쩔 수 없이 이처럼 늘어놓은 것이다.

그러나 진실을 논한다면 수행한다거나 수행하지 아니한다거나 하는 말 모두가 헛소리다. 곧바로 일 없는 [無事] 경지에 이른다면 본래 한 물건도 없거니[本來無一物] 어찌 입을 열 수 있겠는가? 보살들아! 알겠는가?

---

151) 석가모니 부처님.